Dra. Tina Floyd

GUÍA PARA CONSTRUIR UN MATRIMONIO Y UNA FAMILIA FELIZ

VIDA BALANCEADA

REFLEXIONES PARA LA VIDA CRISTIANA

GUÍA PARA CONSTRUIR UN MATRIMONIO Y UNA FAMILIA FELIZ
Vida Balanceada
Reflexiones para la vida cristiana
Dra. Tina Floyd

1.ª edición
ISBN 979-8-9992100-2-9

Edición y diseño: Gisela Sawin Group
Impreso en los Estados Unidos de América
Photography Borisara

C O N T E N I D O

INTRODUCCIÓN

D ios creó el matrimonio para proveer compañerismo, para proveer una relación pura, cercana y cerrada, donde solo hay dos personas: hombre y mujer. Pero también lo creó para que pudiéramos procrear y multiplicarnos, y para que, como dice la Palabra, seamos uno para el otro. Asimismo, Dios creó el matrimonio para que, unidos, podamos construir una sociedad mejor en este tiempo. Su propósito es que formemos hijos conforme a su Palabra y basados en sus principios. El matrimonio creado por Dios para este tiempo nos lleva a comprender que, si nosotros no somos capaces de fortalecer nuestras familias, las siguientes generaciones no podrán vivir en paz siguiendo los estatutos de la Palabra.

Dios creó el matrimonio como un vínculo sagrado entre un hombre y una mujer, con el propósito de brindar compañerismo, procreación y la construcción de una familia que glorifique a Dios. Este debe ser el reflejo de la relación que Cristo tiene con la Iglesia; a través del matrimonio, Dios desea que los esposos se ayuden mutuamente para crecer en su voluntad y formar, así, una sociedad que honre a Dios.

1

UNA ALIANZA SAGRADA Y DIVINA

*"Y estas palabras que yo te mando hoy, estarán sobre tu
corazón; y las repetirás a tus hijos, y hablarás de ellas
estando en tu casa, y andando por el camino,
y al acostarte, y cuando te levantes".*

Deuteronomio 6:6-7

DIOS ESTABLECIÓ EL MATRIMONIO DESDE LA
CREACIÓN DEL MUNDO. ES UNA RELACIÓN ÚNICA
QUE REFLEJA SU AMOR Y LA UNIÓN QUE EXISTE ENTRE
CRISTO Y LA IGLESIA. LAS ESCRITURAS NOS MUESTRAN
QUE EL MATRIMONIO NO ES SOLO LA UNIÓN DE UN
HOMBRE Y UNA MUJER, SINO QUE TAMBIÉN FORMA
PARTE DEL PLAN DIVINO PARA LA HUMANIDAD.
ESTE TIENE DISTINTOS PROPÓSITOS; POR ESO,
COMPRENDERLO CORRECTAMENTE ES FUNDAMENTAL
PARA CONSTRUIR UN HOGAR SÓLIDO Y LLENO DE
PROPÓSITO. ENTONCES, AVANCEMOS
UN POQUITO MÁS...

• El primer y más grande propósito del matrimonio es reflejar el amor y unidad que existen entre Cristo y la Iglesia

La relación matrimonial debe ser un testimonio visible de la relación de compromiso, fidelidad y amor sacrificial que Cristo tiene por su Iglesia. De acuerdo a este principio establecido por Dios, el apóstol Pablo escribió en Efesios 5:25: *"Maridos, amad a vuestras mujeres, así como Cristo amó a la iglesia y se entregó a sí mismo por ella..."*.

Este versículo nos muestra que el propósito del matrimonio no implica convivir juntos y apoyarnos mutuamente, sino que es una representación de la forma en que Cristo sacrifica y ama la Iglesia. Siguiendo este modelo, los esposos deben estar dispuestos a amarse y entregarse mutuamente, mientras que las esposas deben someterse con respeto y amor, reflejando la disposición de la Iglesia a seguir a Cristo.

• Desde el comienzo, Dios supo que el hombre y la mujer debían complementarse más temprano, para lo cual diseñó el matrimonio

Dios nos dice en Génesis que no es bueno que el hombre esté solo y que necesita una ayuda idónea. Así, el matrimonio cumple una función de compañerismo profundo, donde ambos cónyuges se ayudan mutuamente a crecer y a enfrentar los desafíos de la vida: *"Y dijo Jehová Dios: No es bueno que el hombre esté solo; le haré ayuda idónea para él"* (Génesis 2:18). El matrimonio no es solo una unión física o emocional, sino una sociedad diseñada para el bienestar y apoyo mutuos. Los cónyuges deben ayudarse, animarse, comprenderse y apoyarse mutuamente en todo: en lo emocional, lo espiritual, lo económico y lo físico. En este sentido, el matrimonio se convierte en una relación de compañerismo que fortalece a ambos y les permite crecer en todas las áreas de su vida.

• Allí, juntos, el matrimonio es el ámbito propicio para cumplir con el mandato de multiplicarnos

En Génesis 1:28, Dios les dijo a Adán y Eva que se multiplicaran y llenaran la tierra: *"Y los bendijo Dios, y les dijo: Fructificad y multiplicaos; llenad la tierra y sojuzgadla..."* (Génesis 1:28). El matrimonio es el medio natural por el cual Dios trae nuevas personas al mundo y les da la oportunidad de crecer en un entorno lleno de amor y cuidado, lo cual implica la responsabilidad de educarlos en los caminos de Dios, enseñándoles su Palabra y preparándolos para ser individuos que honren a Dios y lleven su luz al mundo.

• El matrimonio es un medio a través del cual Dios santifica a los cónyuges

En la convivencia diaria, los esposos son llamados a perdonarse; a ser pacientes, amables y generosos, siguiendo el modelo de Cristo. A través de esta relación, Dios usa la vida diaria para moldear el carácter de ambos y ayudarlos a parecerse más a Cristo. Por eso, el matrimonio también es un medio para crecer espiritualmente.

• Cuando un matrimonio vive de acuerdo a los principios de Dios, se convierte en un canal de bendiciones tanto para la familia como para aquellos que están a su alrededor

Dios honra a los matrimonios que buscan glorificarlo en todo. Cuando es vivido en obediencia a Dios, este se convierte en un medio por el cual Dios derrama bendiciones.

Por todo esto, entonces, podemos decir que...

- *El matrimonio debe ser un refugio de seguridad y amor para los esposos y para los hijos.*
- *En medio de un mundo de inseguridades, debe brindarnos estabilidad emocional y espiritual.*
- *En los momentos de dificultad, los esposos deben apoyarse uno al otro constantemente.*
- *El matrimonio es ese lugar donde ambos se cuidan y se edifican.*
- *El matrimonio es el cimiento de una vida familiar sólida.*

REFLEXIÓN

Por todo lo desarrollado hasta aquí, hoy sabemos, gracias a la luz que Dios nos da, que el matrimonio es una institución sagrada y poderosa, cuyo propósito trasciende la convivencia y el bienestar emocional. Juntos, como esposos, tenemos como finalidad reflejar el amor de Cristo, un instrumento para la santificación, un testimonio para el mundo y una bendición de

Dios. Si comprendemos estos propósitos, viviremos una vida más plena, buscando siempre honrar a Dios, permitiendo que nuestro matrimonio sea un reflejo del amor eterno que Dios tiene por su pueblo.

ORACIÓN

Padre celestial, gracias por el don maravilloso del matrimonio. Gracias por darnos la oportunidad de vivir en una relación que refleja tu amor y tu fidelidad. Ayúdanos a comprender el propósito profundo de nuestra unión y a vivir conforme a tu voluntad. Que nuestro matrimonio sea un testimonio de tu Gracia, un lugar de apoyo y de crecimiento espiritual, y un medio para la multiplicación de tu Reino. Fortalece nuestra relación y guíanos a amarnos el uno al otro como Tú nos amas. En el nombre de Jesús, amén.

EL MATRIMONIO NO ES SOLO
UN CONTRATO O UNIÓN
ENTRE DOS PERSONAS,
SINO UN REFLEJO DEL
AMOR DE DIOS CON UN
PROPÓSITO GENERACIONAL,
QUE PROMUEVE LA
SANTIFICACIÓN Y EL
CRECIMIENTO PERSONAL.

2

EL PROPÓSITO DEL MATRIMONIO

*"Las muchas aguas no podrán apagar el amor,
ni lo ahogarán los ríos…".*

Cantares 8:7

DIOS CREÓ EL MATRIMONIO NO SOLO PARA NUESTRA ALEGRÍA, SINO TAMBIÉN PARA MOSTRARNOS SU AMOR INCONDICIONAL. CUANDO, COMO ESPOSOS, PODEMOS VIVIRLO DE ESTA MANERA, NO SOLO SEREMOS UN REFLEJO DE SU AMOR, SINO TAMBIÉN UNA HERENCIA DE AMOR PARA NUESTROS HIJOS.

En este día, profundicemos un poco más acerca de lo que significa el matrimonio para los hijos de Dios, ya que es uno de los pilares fundamentales que Dios estableció para la humanidad. Es mucho más que un contrato legal o una relación afectiva entre dos personas. Según la Biblia, tiene un propósito divino y eterno que va más allá de satisfacer las necesidades personales o emocionales de cada uno de los integrantes. Debe tener el carácter de Cristo; por ende, veamos algunas características esenciales que no podemos dejar de cultivar en la vida conyugal:

• *El reflejo del amor de Dios*

El primer y más profundo propósito del matrimonio es reflejar el amor de Dios por su Iglesia. En Efesios 5:25-27, el apóstol Pablo describe cómo el amor entre esposo y esposa debe ser como el amor de Cristo por su Iglesia. Cristo amó a la Iglesia tanto que dio su vida por ella. Así como Cristo se entregó por nosotros, un esposo debe estar dispuesto a sacrificar su vida por su esposa: *"Maridos, amad a vuestras mujeres, así como Cristo amó a la iglesia y se entregó a sí mismo por ella"* (Efesios 5:25, RVR). Este versículo nos enseña que el matrimonio no solo tiene que ver con amor, sino también con sacrificio, humildad y dedicación. La relación conyugal debe reflejar la relación que Dios desea tener con su pueblo.

• *El cumplimiento del mandato de Dios: multiplicarnos*

En el principio, cuando Dios creó a Adán y Eva, les dio el mandato de ser fructíferos y multiplicarse (Génesis 1:28). El matrimonio es el contexto divino para la procreación y crianza de los hijos. La unión de un hombre y una mujer crea un espacio para el nacimiento de nuevas generaciones, educadas en el temor de Dios y en los principios de su palabra: *"Y los bendijo Dios, y les dijo: Fructificad y multiplicaos; llenad la tierra y sojuzgadla..."* (Génesis 1:28, RVR). El matrimonio debe ser un lugar propicio y amoroso donde los hijos puedan crecer, aprender, y experimentar el amor, seguridad y guía que necesitan para ser individuos responsables y piadosos.

• Ayudarnos y complementarnos mutuamente

El matrimonio es una relación en la que tanto el esposo como la esposa se complementan mutuamente. En Génesis 2:18, Dios dijo: *"No es bueno que el hombre esté solo; le haré ayuda idónea para él"*. El matrimonio fue diseñado por Dios para que los cónyuges se apoyen y se fortalezcan mutuamente en sus debilidades, para que ambos se apoyen en las tareas diarias y en los desafíos de la vida, donde cada uno se convierte en una unidad que se complementa, y logran juntos más de lo que podrían alcanzar individualmente. Es por ello por lo que Dios dijo en Génesis 2:18, RVR: *"Y dijo Jehová Dios: No es bueno que el hombre esté solo; le haré ayuda idónea para él"*. Los dos deben trabajar en equipo, compartiendo responsabilidades, tareas, y roles, así como también dar y recibir, apoyándose el uno al otro tanto en los buenos momentos como en los difíciles. El amor y respeto mutuos son clave para el éxito de esta complementación.

• Santificarnos

El matrimonio es el ámbito donde los esposos pueden crecer espiritualmente, ser refinados y santificados. A través de las diferencias, dificultades y bendiciones del matrimonio, Dios nos usará para moldearnos a su imagen. La vida matrimonial, cuando está centrada en Cristo, será un medio para aprender a perdonar, ser pacientes y practicar la Gracia, para ayudarnos a ser más como Él, perfeccionando nuestra capacidad de amar incondicionalmente. Esta transformación tiene un propósito: acercarnos a Dios cada vez más para reflejar, así, su carácter. Por eso, *"[...] dejará el hombre a su padre y a su madre, y se unirá a su mujer, y serán una sola carne"* (Génesis 2:24, RVR).

• Ser un testimonio ante el mundo

El matrimonio cristiano tiene el propósito de ser un testimonio ante el mundo; podríamos decir que tiene un fin también evangelístico. Cuando funciona según los principios bíblicos, se convierte en una poderosa demostración del amor y fidelidad de Dios. Cuando el matrimonio cristiano refleja el Evangelio de manera poderosa y sirve como un testimonio vivo, es poder transformador de Dios en la vida de las personas. Por ello, el Evangelio de Juan 13:35 dice: *"En esto conocerán todos que sois mis discípulos, si tuviereis amor los unos con los otros"*. El amor dentro del matrimonio no debe ser solo un amor superficial o emocional, sino un amor genuino que refleja el amor de Cristo. Este amor muestra al mundo que el amor de Dios es real, transformador y eterno. Cuando el mundo ve que una pareja cristiana se ama incondicionalmente, perdona, respeta y honra a su cónyuge, está viendo el testimonio del amor de Cristo por la Iglesia. El matrimonio es un faro de esperanza para el mundo, que lo observa.

REFLEXIÓN

El matrimonio no es solo un contrato o una sociedad entre dos personas, sino una relación que refleja el amor de Dios, el cual tiene un propósito generacional y sirve como un espacio para la santificación y crecimiento personal. Para que el matrimonio sea bendecido y cumpla con su propósito, ambos esposos deben vivir de acuerdo con los principios divinos: amor incondicional, sacrificio mutuo, obediencia a la Palabra de Dios y crecimiento espiritual. El matrimonio cristiano es una oportunidad para glorificar a Dios, edificar la familia y dejar un legado a las futuras generaciones.

ORACIÓN

Señor, gracias por el regalo del matrimonio. Ayúdanos a vivir de acuerdo a tu voluntad y a tu propósito en nuestra relación. Que podamos reflejar tu amor incondicional en nuestro matrimonio, y que nuestra vida, juntos, sea un testimonio de tu fidelidad y de tu Gracia. Danos la sabiduría para caminar en unidad, edificar a nuestros hijos y ser un reflejo de tu amor en el mundo. Queremos ser un instrumento de santificación y un medio para glorificarte. En el nombre de Jesús, amén.

LAS PALABRAS
SINCERAS Y LOS
GESTOS DE AMOR
CREAN UN AMBIENTE
DE RESPETO MUTUO
Y DE GRATITUD
QUE FORTALECE LA
RELACIÓN.

3

LO QUE EL ESPOSO DEBE SABER ACERCA DE LA ESPOSA

"Maridos, amad a vuestras mujeres, así como Cristo amó a la iglesia, y se entregó a sí mismo por ella, para santificarla, habiéndola purificado en el lavamiento del agua por la palabra...".

Efesios 5:25-26

> EL AMOR Y EL RESPETO RECÍPROCO SON FUNDAMENTALES, PERO ENTENDER A FONDO A LA PERSONA CON LA QUE COMPARTIMOS NUESTRA VIDA ES LO QUE PROPORCIONA SOLIDEZ Y ORIENTACIÓN AL MATRIMONIO.

El matrimonio es una relación de dos personas que, aunque diferentes, han decidido unirse con un propósito común: amarse, respetarse y edificarse mutuamente. Si bien tanto el esposo como la esposa tienen sus roles y sus responsabilidades diferenciados, es fundamental que ambos comprendan profundamente las necesidades, deseos y desafíos de cada uno. En este día veremos lo que el esposo debe saber de su esposa para, así, poder ser un mejor compañero, líder y amigo en su relación.

El amor y el respeto son la base de cualquier matrimonio. Pero, para que la relación crezca firme y sólida, el esposo necesita conocer cómo es su esposa en lo emocional, lo psicológico y lo espiritual. A continuación, veamos algunos de los puntos más importantes que todo esposo debe tener en cuenta:

• *La esposa necesita sentirse amada profundamente*

La esposa tiene una necesidad fundamental de ser amada y cuidada. Efesios 5:25 nos recuerda que el esposo debe amar a su esposa *"[...] como Cristo amó a la iglesia y se entregó a sí mismo por ella"*. Este tipo de amor es sacrificial y desinteresado, y es más que solo palabras bonitas; debe estar respaldado por acciones diarias que demuestren un compromiso profundo con un amor genuino en pos de su bienestar. ¿Qué significa esto?, hacerla sentir especial, escucharla con atención. Para una esposa, sentir que su esposo la ama no solo en momentos de felicidad, sino también en tiempos de dificultades y de desafíos, es esencial para su seguridad emocional. Un esposo que ama de esta manera es un refugio de paz para su esposa.

• *La esposa necesita ser escuchada y comprendida*

Una de las mayores necesidades emocionales de una mujer es sentirse escuchada activamente. Las mujeres tendemos a procesar nuestras emociones a través de la comunicación verbal y, para muchas, hablar sobre nuestros sentimientos, nuestros pensamientos y nuestras preocupaciones es una forma de encontrar consuelo y claridad, de sentirnos tenidas en cuenta. Como esposo, es fundamental estar dispuesto a escuchar sin interrumpir ni emitir juicios apresurados. La esposa necesita un espacio seguro donde pueda expresarse sin temor a ser rechazada o minimizada. Al respecto, la Palabra nos enseña: *"El que responde antes de escuchar, esto es necedad y vergüenza"* (Proverbios 18:13).

Escuchar significa mucho más que oír las palabras; implica comprender el trasfondo emocional detrás de lo que se dice, es decir, comprender también lo que no se dice, mostrando empatía y paciencia. A veces, las esposas no necesitan una solución inmediata a sus problemas sino, simplemente, ser escuchadas y validadas.

• La esposa necesita sentirse valorada y apreciada

La esposa debe sentir que su esfuerzo —ya sea en el hogar, en la crianza de los hijos o en su trabajo— es apreciado. Proverbios 31:10 describe a la mujer virtuosa, diciendo: *"¿Quién la hallará? Porque su estima sobrepasa largamente a la de las piedras preciosas"*. Este versículo refleja el valor que tiene la esposa para su esposo. Ella necesita sentirse valorada no solo por lo que hace, sino por quién es como persona. Ahora bien, apreciarla no implica decirle cumplidos, sino reconocer el esfuerzo y todo el sacrificio que ella realiza sinceramente. Un esposo que valora a su mujer separa un tiempo para ella y le deja saber que todo lo que hace tiene mucho valor.

Las palabras sinceras y los gestos de amor crean un ambiente de respeto mutuo y de gratitud que fortalece la relación.

• La esposa necesita tiempo de calidad juntos

En un mundo tan agitado, las parejas a menudo caen en la rutina, y el tiempo de calidad que comparten es escaso, pobre. Sin embargo, para una esposa, el tiempo compartido con su esposo en actividades que ambos disfruten es sumamente importante. Cantares 2:16 dice: *"Mi amado es mío, y yo soy suya..."*. Este tipo de intimidad no solo se refiere a lo físico, sino también a compartir momentos que los acerquen emocional y espiritualmente. La esposa necesita que su esposo se involucre activamente en su vida, que le brinde atención sin distracciones, y que, en medio de las responsabilidades diarias, separe momentos para disfrutar juntos. No se trata solo de "estar juntos", sino de estar presentes el uno para el otro, compartiendo lo que ambos quieren y esperan, reconociendo el valor de la relación.

• La esposa necesita sentirse protegida y segura

Sentirse protegida es una de las necesidades más profundas de la esposa. El esposo no solo es llamado a protegerla físicamente, sino también emocional y espiritualmente. Efesios 5:28-29 nos dice: *"Así también los maridos deben amar a sus mujeres como a sus propios cuerpos. El que ama a su mujer, a sí mismo se ama"*. Cuando una esposa siente que su esposo la cuida —tanto en situaciones externas como en su vida personal—, se sentirá profundamente segura. Esto significa también cuidarla de aquellas situaciones o personas que pueden hacerle daño, acompañarla en los momentos difíciles y estar a su lado cuando se siente insegura.

• **La esposa necesita apoyo en su rol como madre**

Si son padres, generalmente, la esposa tiene una gran responsabilidad en la crianza de los hijos. Es importante que el esposo también se involucre en la educación y cuidado de los niños, compartiendo la carga de la responsabilidad familiar. Proverbios 31:27 nos habla de la mujer virtuosa que *"[...] mira bien por la marcha de su casa"*. Aunque la esposa suele ser el corazón del hogar, el hombre debe ser un compañero activo en la crianza de los hijos y en las decisiones familiares. Un esposo que apoya a su esposa en la crianza de los hijos la hará sentirse más respaldada y menos abrumada. Asimismo, su colaboración y participación activa en las tareas del hogar también fortalecen el vínculo familiar, lo que demuestra, así, un compromiso compartido por el bienestar de la familia.

• **La esposa necesita ser un complemento espiritual**

Una de las responsabilidades más importantes que tiene el esposo es liderar espiritualmente el hogar. Efesios 5:23 nos recuerda que *"[...] el marido es cabeza de la mujer, así como Cristo es cabeza de la iglesia"*. Sin embargo, "liderazgo espiritual" no significa "autoritarismo", sino ser un ejemplo de fe y devoción. La esposa necesita ver que su esposo busca a Dios y toma decisiones basadas en la sabiduría divina. Su función es orar por ella, animarla a crecer espiritualmente y procurar que mantenga una vida de oración y devoción constantes. Cuando el esposo lidera espiritualmente, el matrimonio se convierte en un equipo que camina hacia un propósito común: honrar a Dios.

• *La esposa necesita cariño y afecto*

El cariño y el afecto físico son vitales para una esposa. Esto no solo incluye la intimidad sexual, sino también demostrarle gestos sencillos de amor: abrazos, besos, caricias y palabras tiernas. Cantares 1:2 expresa: *"¡Oh, cuánto te bese tu amor! Mejor que el vino es tu amor"*. La esposa necesita sentir que su esposo la desea y que es cariñoso con ella. El afecto físico es una forma de mostrarle a su compañera que sigue siendo apreciada, deseada y amada, más allá de su rol como madre, amiga o compañera de trabajo. Este tipo de intimidad emocional y física aportará más amor y unión al vínculo, y lo hará cada día más fuerte.

———————— **REFLEXIÓN** ————————

El matrimonio es un compromiso de amor, sacrificio y respeto mutuo. Para ser un buen compañero, el esposo necesitará comprender sus necesidades emocionales, espirituales y físicas. Con amor que se demuestra en hechos, escuchándola, valorándola, apreciándola, y estando siempre que lo necesite, se podrá construir una relación sólida y duradera, que honre a Dios y fortalezca el matrimonio.

ORACIÓN

Señor, te doy gracias por el don del matrimonio. Te pido que me des sabiduría y paciencia para entender las necesidades de mi esposa. Ayúdame a amarla como Tú amas a la Iglesia, a protegerla, apoyarla y valorarla en cada momento. Que nuestro matrimonio sea un reflejo de tu amor para que juntos caminemos en unidad, buscando tu voluntad para nuestras vidas. En el nombre de Jesús, amén.

LA MUJER DEBE ASEGURARSE
DE QUE SU COMPAÑERO
SIENTA SU APOYO
INCONDICIONAL, Y DE QUE
AMBOS ESTÉN TRABAJANDO
JUNTOS POR LOS MISMOS
OBJETIVOS: ESPIRITUALES,
FAMILIARES O PERSONALES.

4

LO QUE LA ESPOSA DEBE SABER ACERCA DEL ESPOSO

"La mujer sabia edifica su casa, mas la necia con sus manos la derriba".

Proverbios 14:1

¿ESTÁS CONOCIENDO VERDADERAMENTE EL CORAZÓN DE TU ESPOSO, O SOLO CONVIVIENDO CON ÉL EN LO COTIDIANO? EL AMOR NO SIGNIFICA SOLO SENTIR, SINO COMPRENDER, ENTENDER, COMPROMETERSE, APOYARSE Y SER LUZ EN LOS MOMENTOS DE DIFICULTAD.

El matrimonio es una de las relaciones más profundas y significativas que una persona puede tener en la vida. La Biblia lo describe como un reflejo del amor de Cristo por su Iglesia (Efesios 5:25), un vínculo que debe estar basado en el respeto mutuo, la comprensión y el sacrificio. En este contexto, es importante que la esposa conozca ciertos aspectos clave sobre su esposo para construir una relación sólida, amorosa y duradera.

Y, aunque cada pareja es única, existen principios generales que la esposa debe considerar para tener una mejor comprensión de las necesidades emocionales, espirituales y físicas de su compañero. Veamos...

Un esposo necesita lo siguiente:

• *Sentirse respetado*

El respeto es una de las necesidades más profundas del hombre. Según la Biblia, respetarlo no solo significa tratarlo con cortesía, sino también reconocer su liderazgo en el hogar. Las Escrituras nos enseñan que la esposa debe ser amada y el esposo, respetado, como lo expresa Efesios 5:33: *"Por lo demás, cada uno de ustedes ame a su esposa como a sí mismo, y que la esposa respete a su esposo"*.
El respeto genuino consiste en reconocer el papel de él como líder espiritual y como protector del hogar. Esto implica que ella confíe en sus decisiones, lo apoye en sus desafíos y le brinde el espacio necesario para liderar, especialmente cuando se trata de temas espirituales y familiares.

• *Sentirse amado*

Aunque los hombres suelen ser percibidos como autosuficientes, la realidad es que también necesitan sentirse profundamente amados y valorados. El amor por un esposo se expresa no solo a través de palabras, sino también a través de acciones concretas. En Efesios 5:25, la Palabra le dice al varón que debe amar a su esposa *"como Cristo amó a la iglesia y se entregó a sí mismo por ella"*. Esta es una clase de amor sacrificial y desinteresado y, aunque él debe ofrecerle esta clase de amor a ella, es igualmente importante que la esposa le brinde un amor genuino al esposo, lo cual lo reafirma como hombre y como líder del hogar.

El amor por un varón puede ser expresado a través de empatía, apoyo emocional, afirmación constante de su valor y sus habilidades y demostraciones físicas de cariño. Todo esto le brinda a él seguridad y fortaleza en medio de sus desafíos.

• *Ser entendido y escuchado*

Los hombres no siempre expresan sus emociones de manera abierta (como las mujeres), pero esto no significa que no tengan necesidades emocionales. Ellos anhelan ser comprendidos y escuchados, en especial, cuando enfrentan dificultades en el trabajo, problemas familiares o luchas internas. Por eso es importante que la esposa se convierta en un "oído atento" y en un "refugio seguro" para su esposo. Proverbios 15:31 declara: *"El oído que escucha la reprensión de la vida, permanecerá entre los sabios"*. Escucharlo a él activamente, sin interrumpir ni juzgar apresuradamente, le permitirá sentirse validado y apoyado.

Entender que los hombres necesitan tiempo para procesar sus emociones antes de compartirlas es un paso importante para fortalecer la comunicación en el matrimonio. La mujer debe ser paciente y brindar el espacio necesario para que él se abra, reconociendo que cada persona tiene su propio ritmo para compartir sus pensamientos y sentimientos más profundos.

• Ser apoyado en su rol como proveedor

Si bien los tiempos han cambiado y, hoy en día, en muchos hogares ambos cónyuges trabajan, en muchas culturas (como en los tiempos bíblicos), el esposo es visto como el proveedor principal del hogar. La esposa debe ser consciente de la presión que él puede sentir para proveer económicamente y asegurarse de que su familia esté bien.

Ella puede apoyarlo mostrándole gratitud por sus esfuerzos y valorando lo que hace por la familia. Proverbios 31:28 describe a la mujer virtuosa diciendo que, *"[...] cuando su marido se levanta, él la alaba"*. Reconocer y celebrar sus logros (no solo materiales, sino también como padre y como líder) puede motivarlo y aliviarle el peso de la responsabilidad.

• Disfrutar tiempo de calidad y de conexión emocional

Aunque los hombres son más reservados que las mujeres, necesitan tiempo de calidad con sus esposas, sin distracciones. Los momentos de intimidad emocional y de compañerismo son fundamentales para mantener una relación saludable. A menudo, ellas pueden estar muy ocupadas con sus responsabilidades, pero deben hacer un esfuerzo consciente para separar tiempo a solas con ellos, sin que el estrés del día a día interfiera.

Al respecto, Cantares 2:16 nos recuerda que el esposo y la esposa son como "dos en uno". No solo se trata de compartir la vida juntos, sino también de disfrutar de la compañía del otro en momentos cotidianos, fortaleciendo la conexión emocional del matrimonio.

• *Tener una esposa que sea su apoyo espiritual*

El esposo también necesita el apoyo espiritual de su esposa. Aunque la cabeza del hogar sea él, ambos cónyuges deben caminar juntos en la fe. Ella debe ser una compañera que lo apoye en su crecimiento espiritual, que ore por él, que lo aliente a seguir adelante en la fe y que, a lo largo de la vida, lo inspire a vivir según los principios divinos.

• **El pasaje de 1 Pedro 3:1-2 expresa:** *"Así también vosotras, mujeres, estad sujetas a vuestros maridos, para que si alguno de ellos no obedece a la palabra, ellos también sin palabra sean ganados por la conducta de sus esposas, al considerar vuestra conducta casta y respetuosa"*. Esto no significa que la mujer deba ser una figura pasiva, sino más bien una fuente de apoyo y ejemplo, modelando la fe a través de sus acciones y de sus actitudes.

• *Saber que su esposa es su aliada en todo momento*

El esposo necesita saber que su esposa está de su lado, no solo en los momentos buenos, sino, además, en los momentos difíciles. El matrimonio es un equipo, y él debe sentir que ella es su compañera de vida, que comparte tanto las cargas como las alegrías. La mujer debe asegurarse de que su compañero sienta su apoyo incondicional y de que ambos estén trabajando juntos por los mismos objetivos: espirituales, familiares o personales.

La Palabra nos dice en Eclesiastés 4:9-10: *"Mejores son dos que uno, porque tienen mejor paga de su trabajo. Porque si cayeren, el uno levantará a su compañero".* Esto nos habla de la importancia de estar juntos, apoyándose mutuamente a cada momento.

REFLEXIÓN

El conocimiento y respeto mutuos son fundamentales para que el matrimonio sea saludable y duradero. La esposa debe comprender que su esposo, aunque pueda parecer fuerte y autosuficiente, también tiene necesidades emocionales, espirituales y físicas que deben ser atendidas para fortalecer el vínculo conyugal. Al estar dispuesta a escucharlo, amarlo y respetarlo, ella puede colaborar para construir un matrimonio en el que ambos crezcan juntos en fe, amor y unidad.

ORACIÓN

Señor, te doy gracias por el don maravilloso del matrimonio. Te pido que me des sabiduría para entender a mi esposo, para apoyarlo en sus necesidades, para amarlo como Tú lo amas. Ayúdame a ser su compañera fiel, a respetarlo y a ser un refugio seguro para él. Que juntos podamos caminar en tu voluntad y ser un testimonio de tu amor y de tu Gracia en el mundo. En el nombre de Jesús, amén.

5

EL ROL DEL PADRE EN EL HOGAR: LÍDER, PROTECTOR Y EJEMPLO ESPIRITUAL

"Y el Señor os haga crecer y abundar en amor unos
para con otros y para con todos, como también lo
hacemos nosotros para con vosotros".

1 Tesalonicenses 3:12

UN PADRE PRESENTE ES FARO EN UNA FAMILIA. ES UN
EJEMPLO DE FE Y AMOR QUE SABE GUIAR EN TODO
TIEMPO, BUSCANDO SIEMPRE LA DIRECCIÓN DE DIOS
PARA SU FAMILIA.

El rol del padre en el hogar es de suma importancia, ya que influye directamente en el bienestar emocional, espiritual y físico de toda la familia. En la sociedad actual —donde muchas veces las funciones de crianza son compartidas o asumidas principalmente por la mujer—, es esencial recordar el diseño original de Dios para la familia, el cual incluye al varón como líder, protector y guía espiritual. La figura paterna no solo es clave en la provisión económica, sino también en el desarrollo del carácter e identidad espiritual de los hijos.

El padre debe funcionar como...

• Líder   espiritual

Uno de los roles más importantes del hombre en el hogar es ser el líder espiritual de su familia. Este liderazgo no es sinónimo ni de dominio ni de control, sino de servir a los suyos con amor y dedicación, guiándolos hacia una vida plena en Cristo.

En Efesios 6:4, La Escritura les dice a ellos: *"Y vosotros, padres, no provoquéis a ira a vuestros hijos, sino criadlos en disciplina y admonición del Señor"*. Aquí se nos insta a criar a nuestros hijos en el camino del Señor. Es decir, él tiene la responsabilidad de asegurarse de que sus hijos conozcan y sigan los principios espirituales. Para ello debe ser el ejemplo de una vida de oración, devoción a la Palabra y obediencia a Dios. Si un padre vive según los principios divinos, sus hijos serán más propensos a imitarlo y seguir ese ejemplo. Un aspecto fundamental del liderazgo espiritual es la enseñanza de la Palabra de Dios. El varón debe ser el primero en enseñarles a sus hijos acerca de la fe y del amor del Señor, fomentando un ambiente donde se valore la oración, la lectura de la Biblia y la alabanza. Su vida espiritual marca el tono espiritual del hogar, y sus acciones hablan más fuerte que sus palabras.

• Protector

El padre tiene también un rol de protección en lo físico, lo emocional y lo espiritual. En Proverbios 4:23, la Biblia declara: *"Sobre toda cosa guardada, guarda tu corazón; porque de él mana la vida"*. Como protector, él debe cuidar y guiar el corazón y mente de sus hijos, asegurándose de que estén rodeados de influencias saludables y se mantengan alejados del mal. Esto implica no solo protegerlos de peligros físicos, sino también de las influencias nocivas en la escuela, los medios de comunicación y la sociedad.

Leemos en el Salmo 127:3-5: *"He aquí, herencia de Jehová son los hijos; cosa de estima el fruto del vientre. Como saetas en mano del valiente, así son los hijos habidos en la juventud. Bienaventurado el hombre que llenó su aljaba de ellos; no será avergonzado, sino que hablará con los enemigos en la puerta"*. Los hijos son una bendición de Dios, y el hombre tiene la responsabilidad de protegerlos y guiarlos en el camino de la vida, asegurándose de que crezcan en un ambiente seguro, lleno de amor y de fe. Este rol de protección también incluye la provisión material: asegurarse de que la familia tenga lo necesario para vivir y prosperar.

• Proveedor

Un rol muy conocido del padre es el de proveedor. En la cultura judeocristiana, el hombre tenía la responsabilidad de asegurarse de que su familia tuviera lo necesario para vivir. En 1 Timoteo 5:8, la Escritura expresa: *"Pero si alguno no provee para los suyos, y especialmente para los de su casa, ha negado la fe y es peor que un incrédulo"*. Dicha responsabili- dad de proveer no se limita solo a lo material, sino también a lo emocional y a lo espiritual.

Un padre debe trabajar para proveer un hogar estable, don- de sus hijos puedan crecer en un ambiente de seguridad y amor. Sin embargo, también debe estar presente emocio- nalmente, dispuesto a escuchar y apoyar a los suyos en sus necesidades emocionales y espirituales. Cuando está pre- sente y comprometido con el bienestar de su familia, no solo provee recursos materiales, sino también un entorno en el que todos pueden desarrollarse plenamente.

• Formador (corrector) y fuente de amor

El rol del padre también incluye la corrección amorosa y la disciplina. Esta última no se trata de castigo severo o abuso, sino de una guía para los hijos en el camino correcto con amor y firmeza. La Biblia, en el libro de Proverbios 3:11-12, nos dice: *"No menosprecies, hijo mío, el castigo de Jehová, ni te fatigues de su corrección; porque Jehová al que ama castiga, como el padre al hijo a quien quiere"*.

El hombre debe ser firme en su corrección, pero siempre debe hacerlo con amor. Es importante que los hijos sientan que esta surge del amor, y no de la ira o de la frustración. Al igual que Dios disciplina a sus hijos por amor, el padre debe enseñarles a los suyos que la disciplina es un acto de cuidado para ayudarlos a crecer y a madurar.

Además, él debe ser un modelo de comportamiento cristiano. En 1 Corintios 11:1, Pablo nos pide: *"Sed imitadores de mí, así como yo de Cristo"*. Sus hijos necesitan ver a su padre como un ejemplo digno de ser imitado. Esto implica ser íntegro en sus acciones, dedicado a la oración y al estudio de la Biblia, y verlo accionar de acuerdo a una vida dirigida por los principios cristianos. Los niños aprenden a través de la observación, por lo que el padre debe ser consciente de que sus palabras y sus acciones tienen un gran impacto en el desarrollo de la vida espiritual de ellos.

• Amigo y confidente

A medida que los hijos crecen, el padre debe ir convirtiéndose en amigo y confidente. Aunque su autoridad nunca debe ser ignorada, una relación de amistad con los hijos es esencial cuando llegan a la adolescencia y a la adultez joven. En Proverbios 27:9, la Biblia expresa: *"El ungüento y el perfume alegran el corazón; y la dulzura de un amigo, más que el consejo del hermano"*.

El hombre debe crear un ambiente en el que los menores se sientan cómodos compartiendo sus pensamientos, sus preocupaciones y sus alegrías. Esto fomenta una comunicación abierta y permite que los adultos sean una influencia positiva en la vida de ellos, incluso cuando ya no sean pequeños. A través de este rol de amistad, el padre puede seguir siendo una figura importante en la vida de sus hijos, guiándolos con sabiduría y apoyo.

● Legado espiritual

Finalmente, el rol del padre en el hogar es dejar un legado espiritual que trascienda su propia vida. El Salmo 78:5-7 expresa: *"Porque él estableció un testimonio en Jacob, y puso ley en Israel, la cual mandó a nuestros padres que la hicieran conocer a sus hijos; para que lo sepa la generación venidera, los hijos que nacerán, y los que se levantarán, los cuales a su vez lo contarían a sus hijos"*. El legado que un hombre les deja a sus descendientes no es solo material, sino espiritual. Él debe ser un modelo de fe, orando por sus hijos y hablándoles de Dios y de su obra en sus vidas. Al hacer esto, se asegura de que la fe se transmita de generación en generación, creando una línea de creyentes que continuarán glorificando a Dios y viviendo según sus principios.

REFLEXIÓN

El rol del padre en el hogar es multifacético y esencial para el desarrollo integral de la familia. Un padre que actúa como líder espiritual, protector, proveedor, corrector y amigo no solo fortalece su hogar, sino que deja un legado que impactará a las futuras generaciones. La clave está en vivir una vida íntegra, guiada por los principios divinos, y en ser un ejemplo constante de fe y amor.

ORACIÓN

Padre celestial, gracias por el hermoso rol que nos das como padres. Ayúdanos a ser líderes espirituales, proveedores y protectores sabios y amorosos en nuestros hogares. Que podamos guiar a nuestros hijos en tu camino y dejarles un legado de fe que se transmita de generación en generación. Dame sabiduría para disciplinar con amor y ser un ejemplo de tu amor y de tu justicia. En el nombre de Jesús, amén.

COMO PILARES INQUEBRANTABLES, LA SABIDURÍA Y LA ORACIÓN SOSTIENEN EL CORAZÓN DE UNA MADRE: LA PRIMERA ILUMINA EL CAMINO; LA SEGUNDA TRAE EL CIELO SOBRE SUS HIJOS.

6

EL ROL DE LA MADRE
EN EL HOGAR

"Se levantan sus hijos y la llaman bienaventurada;
y su marido también la alaba…".

Proverbios 31:28

COMO DICEN LAS ESCRITURAS: LA MUJER SABIA
CONSTRUYE SU CASA CON DILIGENCIA Y TEMOR DEL
SEÑOR. SU AMOR Y SUS ENSEÑANZAS SON UN VASO
EN LAS MANOS DE DIOS, EN POS DE CONSTRUIR UN
HOGAR SÓLIDO CIMENTADO EN LA ROCA, CON HIJOS
SANOS Y FUERTES, FORTALECIDOS EN DIOS.

El rol de la madre en el hogar es fundamental y esencial para el bienestar y desarrollo de la familia. La Biblia resalta la importancia de la mujer en la familia y en la sociedad, demostrando que su influencia es profunda, poderosa y de gran valor. A través de sus palabras, sus acciones y su ejemplo, ella no solo modela los principios del Reino de Dios, sino que también moldea el carácter, creencias y emociones de sus hijos. Su función es un llamado divino que implica amor, sacrificio, sabiduría, disciplina y servicio.

• *El llamado materno*

Desde el principio, Dios creó a la mujer para ser una ayuda idónea (Génesis 2:18), un apoyo, un complemento y una guía en el hogar. Una madre tiene una responsabilidad única; su tarea es parte integral del diseño divino. Ella no es solo una cuidadora, sino también una líder espiritual y emocional que afecta directamente la salud, espiritual y emocional de su familia.

En la Palabra podemos encontrar un versículo clave que describe el rol de la mujer dentro de la familia y aun —podría decirse— dentro de la sociedad misma: *"La mujer sabia edifica su casa; mas la necia con sus manos la derrumba"* (Proverbios 14:1).

¿Qué significa esta Palabra? La sabiduría de una madre tiene el poder de edificar el hogar o de derribarlo. Su influencia es tan grande que puede crear un ambiente de paz, amor y crecimiento; o, por el contrario, un ambiente de confusión y desorden si no busca la dirección de Dios.

Observemos cuáles son sus funciones:

Educadora y formadora de carácter: La madre tiene una responsabilidad clave en enseñarles a sus hijos los principios del Reino de Dios. Pero este rol de educadora no se limita solo a lo académico, sino que abarca, además, la formación del carácter, los valores y las creencias. Desde la infancia, la mujer tiene la oportunidad de inculcarles a sus hijos la sabiduría divina y la virtud cristiana: *"Instruye al niño en su camino, y aun cuando fuere viejo no se apartará de él"* (Proverbios 22:6). Este versículo señala la importancia de enseñarles a los niños, desde temprana edad (modelando con amor y firmeza), los principios que guiarán sus vidas. La madre no solo enseña con palabras, sino también con su ejemplo. Su paciencia, su bondad, su ternura y su fortaleza se convierten en una enseñanza viva para sus hijos.

Creadora de unhogar seguro yamoroso: Un hogar amoroso y seguro es vital para el desarrollo emocional de los niños. La madre juega un papel fundamental en la creación de un ambiente donde el amor, la seguridad y el cuidado sean la base. Este ambiente les proporcionará a los hijos la confianza para explorar el mundo y crecer con una identidad sólida. La mujer no solo es responsable de cuidar y alimentar físicamente a sus hijos, sino que también tiene el papel de cultivar un ambiente emocionalmente saludable, donde ellos se sientan valorados, aceptados y amados sin importar las circunstancias. Ella debe reflejar el amor incondicional de Dios por sus hijos, dándoles confianza y seguridad en su identidad.

Líder espiritual en el hogar: Uno de los roles más importantes de la madre es ser la líder espiritual de su casa. Aunque el padre también tiene un papel importante al respecto, la madre es la primera en introducir a sus hijos en el conocimiento de Dios. A través de la oración, el estudio de la Palabra y el ejemplo personal, ella puede guiar a sus hijos hacia una relación personal con Cristo: *"Y estas palabras que yo te mando hoy, estarán sobre tu corazón; y las repetirás a tus hijos,* *y hablarás de ellas estando en tu casa, y andando por el camino, y al acostarte, y cuando te levantes"* (Deuteronomio 6:6-7). Este mandato divino para ambos padres implica que el hogar sea un lugar donde su Palabra esté viva y activa, y donde cada miembro de la familia aprenda sobre la fe. La mujer debe hablar la Palabra de Dios en cada ocasión: en casa, en el camino, y en la vida cotidiana.

Modelo de servicio y de sacrificio: La madre ejemplifica el corazón de servicio y sacrificio que caracterizan la vida cristiana. Muchas veces, ella tiene que colocar las necesidades de su familia por encima de las suyas, y en este acto de sacrificio refleja el amor de Cristo, quien dio su vida por nosotros: *"Nadie tiene mayor amor que este, que uno ponga su vida por sus amigos"* (Juan 15:13). El amor y devoción de una mujer es un símbolo de la acción redentora de Cristo. En el día a día, ella comunica, a través de sus acciones, que el sacrificio por los demás es uno de los valores más grandes del Reino de Dios.

Pilardesabiduríaydedisciplina: La madre también tiene un rol esencial en disciplinar y formar a sus hijos en el camino del Señor. Pero la disciplina no solo implica corrección, sino también enseñanza y dirección en los momentos de dificultad. La Palabra nos enseña: *"El que ama a su hijo, lo corrige a tiempo, pero el que lo odia, lo deja sin disciplina"* (Proverbios 13:24). Ella debe ser sabia para saber cuándo corregir, cuándo alentar y cuándo enseñar. Porque, a través de la disciplina, la mujer les modela a sus hijos el valor del respeto, la obediencia y la responsabilidad. Pero es esencial que esto sea hecho con amor y en equilibrio, para que no se convierta en una fuente de resentimiento, sino en una de crecimiento y madurez.

Intercesora: Una de las responsabilidades más poderosas de la madre es la de interceder por sus hijos en oración. Ella es la que a menudo siente el peso de las luchas y desafíos que sus hijos enfrentan, y tiene la oportunidad de llevar todas estas cuestiones ante Dios en oración. La mujer debe ser una creyente "de oración", confiando en que Dios escucha y responde las oraciones por sus hijos. Así como la sabiduría es un pilar importante para toda madre, también lo es su vida de oración. Al interceder por sus hijos, ella no solo les brinda protección espiritual, sino que, además, los cubre con la Gracia y poder del Señor.

REFLEXIÓN

El rol de la madre en el hogar es un llamado de Dios que va más allá de ser, simplemente, una figura que cuida y alimenta. Es una posición de liderazgo espiritual, educación, sabiduría y servicio. Ella tiene una gran responsabilidad, pero también un privilegio inigualable al ser agente de transformación en la vida y construcción de su familia. A través de su amor, su sacrificio y su enseñanza, la mujer es quien moldea el carácter de la siguiente generación y crea un hogar donde la paz, el amor y la fe en Cristo pueden desarrollarse.

ORACIÓN

Padre celestial, te doy gracias por el hermoso rol que has dado a las madres en el hogar. Te pido que las bendigas con sabiduría, paciencia, amor y fortaleza para cumplir con esta tarea tan especial. Ayúdalas a ser ejemplos de fe, amor y servicio para sus hijos, y a ser guías espirituales en su hogar. Fortalece a cada mujer para que, con tu Gracia, pueda crear un hogar donde tu presencia sea palpable. Que sus esfuerzos sean coronados con frutos de obediencia, paz y amor en sus hijos. En el nombre de Jesús, amén.

7

EL ROL DE LOS HIJOS DENTRO DEL HOGAR

"Y estas palabras que yo te mando hoy, estarán sobre
tu corazón; y las repetirás a tus hijos, y hablarás de ellas
estando en tu casa, y andando por el camino,
y al acostarte, y cuando te levantes".

Deuteronomio 6:6-7

EL ROL DE LOS HIJOS DENTRO DEL HOGAR ES MUCHO
MÁS QUE, SIMPLEMENTE, OBEDECER A LOS PADRES.
AQUELLOS, AL HONRARLOS Y AL SEGUIR SUS
ENSEÑANZAS, TIENEN EL PODER DE DEJAR UN LEGADO
PARA LAS GENERACIONES FUTURAS.

El rol de los hijos dentro del hogar es fundamental, no solo para el bienestar familiar, sino también para el desarrollo espiritual, emocional y social de cada miembro. La Biblia presenta una visión clara de cómo los hijos deben comportarse dentro del hogar y de cómo su obediencia y respeto a los padres son un testimonio de su fe y de su relación con Dios. Además, a través de los ejemplos de las relaciones entre padres e hijos, podemos ver cómo estos últimos dejan un legado que impacta su entorno y trasciende generaciones.

A través de los siguientes ejemplos de las relaciones entre padres e hijos, podemos ver cómo estos últimos pueden dejar un legado que impacte a su entorno y trascienda generaciones:

• *La obediencia y el respeto como fundamento*
Uno de los principios bíblicos más claros sobre el rol de los hijos en el hogar es la obediencia y respeto a los padres. Efesios 6:1-3 declara: *"Hijos, obedeced en el Señor a vuestros padres, porque esto es justo. Honra a tu padre y a tu madre, que es el primer mandamiento con promesa; para que te vaya bien, y seas de larga vida sobre la tierra"*.

Este versículo es un mandato directo a los hijos para que obedezcan a sus padres como una forma de honrar a Dios. La obediencia no es solo un acto de respeto, sino también un reflejo de nuestro corazón hacia el Señor. Estos elementos son clave para un hogar armonioso y para la transmisión de valores espirituales y morales de una generación a otra.

• *José y Jacob: la importanciadelaobedienciaydelaconfianza*
Una de las historias bíblicas más significativas que ilustra este rol es la relación entre José y su padre Jacob. José, aunque fue uno de los hijos menores y el objeto de la envidia de sus hermanos, mostró un profundo respeto a su padre y obedeció sus instrucciones, incluso cuando fue enviado a

vigilar a sus hermanos en el campo. En Génesis 37:14, Jacob le indicó a José: *"Ve ahora y mira si están bien tus hermanos, y si las ovejas están bien; tráeme la respuesta"*.

El joven cumplió la misión, aunque en su viaje fue vendido como esclavo por sus hermanos. Sin embargo, su obediencia a Dios y su fe en Él lo guiaron a través de las pruebas. Y, finalmente, lo llevaron a un puesto de gran autoridad en Egipto, donde pudo salvar a su familia durante una gran hambruna. La obediencia a su Padre y su confianza en Él le permitieron dejar un legado de fe, perseverancia y liderazgo que afectó a las generaciones futuras.

• Samuel: escuchar y seguir la voz de Dios

Otro ejemplo destacado de un hijo que dejó un legado importante es Samuel. Desde temprana edad, fue dedicado al servicio de Dios por su madre Ana, quien lo entregó al templo para que fuera criado por el sacerdote Elí. En el libro de 1 Samuel 1:28 leemos: *"Por eso también yo lo he dedicado a Jehová; todos los días que viva, será de Jehová"*.

Samuel creció en el templo bajo la tutela de Elí, pero su vida fue un ejemplo de obediencia a Dios. Cuando Dios lo llamó durante la noche, él respondió: *"Habla, porque tu siervo oye"*. Su disponibilidad para escuchar y seguir la voz de Dios marcó el comienzo de su ministerio como profeta de Israel. Samuel, a través de su obediencia a Dios y de su relación con Él, dejó un legado que influiría profundamente en la historia de la nación.

Los hijos pueden dejar un legado a las futuras generaciones a través de su disposición a escuchar y seguir la voz de Dios, permitiendo que su vida sea un testimonio para los demás.

• Ezequías y su hijo Manasés: el impacto de la obediencia y de la rebelión

El ejemplo de Ezequías y su hijo Manasés también ilustra cómo el comportamiento de los hijos puede afectar a las futuras generaciones. Ezequías, rey de Judá, hizo lo recto ante los ojos de Dios, restaurando la adoración en el templo y buscando Su voluntad en todas las decisiones importantes. El libro de 2 Crónicas 29:2 cita: *"Hizo lo recto ante los ojos de Jehová, conforme a todo lo que había hecho David su padre"*.

Sin embargo, su hijo Manasés, quien lo sucedió en el trono, tomó un camino completamente diferente: adoptó prácticas idólatras, construyó altares a dioses ajenos y persiguió el mal. El pasaje de 2 Crónicas 33:9 señala que *"Manasés hizo errar a Judá y a los moradores de Jerusalén, para que hicieran peor que las naciones que Jehová destruyó de delante de los hijos de Israel"*.

Este contraste entre Ezequías y Manasés muestra cómo el ejemplo y enseñanza de los padres influyen en el comportamiento de los hijos. Aunque Manasés cometió grandes errores, finalmente, se arrepintió, y Dios lo perdonó, lo que demuestra que el legado de fe y de arrepentimiento puede ser restaurado en la siguiente generación.

Los hijos, al seguir o rechazar los valores transmitidos por sus padres, tienen el poder de influir en el futuro de su familia, ya sea para bien o para mal.

• *La importancia de los valores y la enseñanza de los padres*
En la Biblia, se nos llama a enseñar a nuestros hijos los caminos de Dios. Deuteronomio 6:6-7 expresa: *"Y estas palabras que yo te mando hoy, estarán sobre tu corazón; y las repetirás a tus hijos, y hablarás de ellas estando en tu casa, y andando por el camino, y al acostarte, y cuando te levantes".*
Los padres tienen la responsabilidad de impartirles a sus hijos sabiduría, fe y obediencia a Dios, lo cual es la base para que ellos puedan construir un legado para las futuras generaciones. Valores como la justicia, la misericordia, el respeto y la obediencia a Dios deben ser transmitidos no solo con palabras, sino a través del ejemplo. Cuando los menores ven en los adultos una vida genuina de fe y de obediencia al Señor, ellos también son inspirados a seguir estos principios.

REFLEXIÓN

Ya sea a través de la obediencia como José, la disposición para escuchar y seguir a Dios como Samuel o la influencia negativa de la rebelión, como en el caso de Manasés, los hijos son los que llevan consigo el legado de fe, obediencia y amor por Dios. La clave para un legado duradero es enseñarles a los hijos a vivir conforme a los principios divinos, modelándoles una vida de obediencia, amor y servicio. Cuando ellos siguen estos principios, no solo honran a sus padres, sino que también glorifican a Dios y dejan una huella positiva en las generaciones que vienen atrás.

ORACIÓN

Señor, gracias por el regalo de mis hijos y por el rol que tienen dentro de nuestra familia. Te pedimos que les des sabiduría para seguir tu camino, y que nos ayudes a ser padres que guíen con amor, sabiduría y ejemplo. Que, a través de nuestras enseñanzas y con la ayuda de tu Espíritu Santo, podamos dejar un legado de fe y de obediencia que los motive e impacte a creer en ti cada día de su vida. Que nuestros hijos crezcan en tu amor y sigan el camino que Tú has preparado para ellos. En el nombre de Jesús, amén.

8

CÓMO SER MEJORES PADRASTROS

"El que es fiel en lo muy poco, también en lo más es fiel".

Lucas 16:10

¿ESTÁS DISPUESTO A SER UN REFLEJO DEL AMOR DE DIOS EN LA VIDA DE UN HIJO QUE NO NACIÓ DE TI, PERO QUE PUEDE APRENDER A AMARTE COMO A UN PADRE? SEA CUAL FUERE EL ROL QUE TE TOQUE OCUPAR DENTRO DE LA FAMILIA, SIEMPRE TENDRÁS EN TI LA POSIBILIDAD DE MOSTRAR EL VERDADERO AMOR DEL PADRE CELESTIAL.

Ser padrastro es una tarea que implica desafíos únicos, pero también es una oportunidad preciosa para demostrar amor, paciencia y liderazgo en la familia. Los padrastros no solo tienen la responsabilidad de criar, cuidar y proteger a los hijos de su pareja, sino también de construir una relación de confianza y de respeto con ellos. A través de la Biblia, vemos cómo el amor de Cristo nos enseña a ser mejores padres y a crear una familia unida, sana y funcional. Veamos...

• El amor incondicional: el fundamento de la relación

El primer paso para ser un buen padrastro es demostrar amor incondicional a los hijos de la pareja. Pero ese amor debe ser sincero y auténtico. La relación de confianza debe basarse en el cariño genuino y en el deseo de ser parte activa de sus vidas, tal como nos enseña el evangelio de Lucas 6:35: *"Amad a vuestros enemigos, haced bien, y prestad sin esperar de ello nada; y será vuestro galardón grande, y seréis hijos del Altísimo; porque él es benigno para con los ingratos y malos"*. Este versículo refleja el amor de Dios por nosotros, que no depende de lo que hacemos, sino de quiénes somos para Él. De la misma manera, tu amor por los hijos de tu pareja debe ser incondicional. Al principio, puede haber resistencia o desconcierto, pero el amor sincero es un testimonio poderoso del amor de Cristo.

• Establecer límites y ser firme en la disciplina

El amor debe ir acompañado de límites claros y disciplina. Aunque un padrastro no se encuentra en la misma posición de autoridad que un padre biológico, es esencial ejercer liderazgo y dirección en el hogar. Los niños necesitan saber cuáles son las reglas y que existen consecuencias cuando no se siguen. Disciplinar con amor significa enseñar y guiar, no castigar de manera ilógica o severa. Los padres biológicos y los padrastros deben estar alineados en cuanto a las reglas del hogar. Sin embargo, la disciplina debe ser justa, coherente y siempre en un espíritu de restauración, a fin de buscar el crecimiento del niño, y no la destrucción de este. Las Escrituras nos enseñan al respecto: *"El que ama a su hijo,* lo corrige a tiempo; pero el que lo odia, lo deja sin disciplina". (Proverbios 13:24).

• La paciencia y la comprensión: claves para construir confianza

Como padrastro, es importante entender que los hijos de la pareja pueden sentir confusión, resistencia o celos. Podrían no aceptarte de inmediato o tener dificultades para establecer un vínculo contigo. La paciencia es crucial en este tiempo. Tienes que entender que ellos están pasando por un proceso emocional y ser comprensivo con sus sentimientos. Frente a una situación así, el apóstol Pablo nos anima a estar tranquilos, a confiar en Dios y a ser amables con los demás: "Sea todo vuestro proceder conocido de todos los hombres. El Señor está cerca. No os inquietéis por nada; antes bien, en todo, mediante oración y súplica, con acción de gracias, sean conocidas vuestras peticiones delante de Dios" (Filipenses 4:5-6). Como padrastro, es importante ser paciente y entender que el proceso de aceptación lleva tiempo. La clave está en la persistencia amorosa. Aunque el camino sea largo, no te des por vencido: la confianza se construye poco a poco.

• Construir una relación de confianza: el poder de la presencia activa

Ser un buen padrastro implica ser una figura confiable y presente en la vida de los hijos de la pareja. Pero la confianza no se gana con palabras vacías, sino con acciones concretas. Demuestra tu interés y tu apoyo en las actividades de los niños, participa en sus logros, escucha sus preocupaciones y muestra interés genuino por su bienestar emocional: *"Sé fiel en lo poco y serás fiel en lo mucho"* (Lucas 16:10). Este versículo nos recuerda la importancia de la fidelidad en las pequeñas cosas. Un padrastro que demuestra ser confiable en lo pequeño se ganará la confianza de los niños a largo plazo. La presencia activa y constante es fundamental para lograr una relación de confianza.

• *Evitar comparaciones: aceptación y respeto por la relación biológica*

Es importante, como padrastro, evitar comparaciones con el padre biológico. No se trata de ser un reemplazo, sino un apoyo complementario en la vida de los niños. No puedes (ni debes) tratar de llenar el vacío de un padre ausente, pero sí puedes ser una figura significativa que ofrezca amor, orientación y apoyo. Un consejo que puede ayudarte en un momento difícil de la relación en que no sabes cómo actuar la encuentras en Lucas 6:31: *"Y como vosotros queráis que los hombres hagan con vosotros, así también haced vosotros con ellos"*.

Este versículo presenta el principio de la empatía. Es importante recordar que cada niño tiene su propio proceso de *aceptación* y de *adaptación*. La paciencia, el respeto y la comprensión son esenciales para establecer una relación positiva y sana.

• *La comunicación abierta: el canal para resolver conflictos*

La comunicación es clave en cualquier relación familiar, pero especialmente cuando hay un padrastro involucrado. Es fundamental que tú y tu pareja estén alineados en cuanto a la forma en que se manejarán las situaciones. Además, alentar la comunicación abierta con los niños permitirá que ellos se sientan escuchados, valorados y comprendidos. Practica el comunicarte con respeto y amor. Escucha activamente, ofrece soluciones constructivas y mantén una actitud tranquila y comprensiva. Recuerda: "La blanda respuesta quita la ira, mas la palabra áspera hace subir el furor" (Proverbios 15:1). La comunicación es el puente para resolver malentendidos, y no una fuente de conflicto.

• *Ser un reflejo del amor de Cristo*
Finalmente, el mejor consejo para ser un mejor padrastro es ser un reflejo del amor de Cristo. El Señor nos amó siendo pecadores y, de la misma manera, un padrastro debe amar a los hijos de su pareja, sin importar las circunstancias ni los desafíos. El amor de Cristo es sacrificial, perdonador, paciente y lleno de Gracia: *"Sed, pues, imitadores de Dios como hijos amados; y andad en amor, como también Cristo nos amó, y se entregó a sí mismo por nosotros, ofrenda y sacrificio a Dios en olor fragante"* (Efesios 5:1-2). En este rol, puedes aprender mucho de la Gracia y perdón que Cristo le mostró a la humanidad. Al actuar de esta manera, no solo estarás formando una relación con los niños, sino, además, construyendo una base de amor y respeto que refleje el carácter divino dentro de un hogar guiado por el amor de Dios.

REFLEXIÓN

Ser un padrastro es una responsabilidad profunda, pero también una oportunidad invaluable para influir de manera positiva en la vida de los niños. A través del amor incondicional, la paciencia, la disciplina justa, la presencia constante y la comunicación abierta, puedes construir una relación que no solo sea significativa para los hijos de tu pareja, sino también para ti mismo y para toda la familia. Este rol, cuando se hace con el corazón correcto y bajo la dirección divina, puede ser una bendición para todos.

ORACIÓN

Señor, te doy gracias por la oportunidad de ser una figura de amor y liderazgo en la vida de los hijos de mi pareja. Te pido que me des sabiduría, paciencia y comprensión para ser un buen padrastro, reflejando tu amor y tu Gracia en todas mis acciones. Ayúdame a ser un canal de bendición, guía y apoyo para ellos, y que mi amor incondicional y mi compromiso les sirvan como ejemplo de tu amor eterno. Que mi presencia en su vida sea un testimonio de paz, unidad y esperanza. En el nombre de Jesús, amén.

9

CÓMO SER MEJORES MADRASTRAS

"Y sobre todas estas cosas vestíos de amor,
que es el vínculo perfecto".

Colosenses 3:14

¿Estás viendo tu rol como una oportunidad nueva de amor que te está dando Dios o solo te estás dejando llevar por el nombre "madrastra" (un nombre con connotaciones negativas, usado en los cuentos de hadas y en las novelas de la tarde)? De ti dependerá mostrarles, a tu pareja y a sus hijos, el poder del amor y de restauración que Dios puso en una mujer.

Si estás en una nueva relación con un hombre, sabes que los hijos que él trae son parte de la bendición que Dios tiene para ti. Ser una madrastra no es tarea fácil, pero Dios te ha llamado a ser una bendición para los hijos de tu esposo. Enfócate en ser un ejemplo de amor y sabiduría. Tienes la oportunidad de ser una guía espiritual y emocional para esos niños, y de ayudarlos a crecer en el propósito divino. Ámalos, acarícialos. Potencia los deseos que Dios ha puesto en el corazón de ellos y llévalos al destino de gloria que Él tiene para ellos. Para eso tienes que dar tu vida y cada centímetro de tu corazón, porque ellos están esperando lo que no pudieron tener: un hogar fundamentado en la Palabra.

Muchas veces, las expectativas sociales, los prejuicios y las dinámicas familiares complejas pueden hacer que este rol sea percibido de manera negativa. Sin embargo, ser una madrastra amorosa, comprensiva y sabia es un llamado que puede traer bendición tanto a la nueva familia como a ti misma. La clave está en reconocer que tu rol no es reemplazar el de la madre biológica, sino complementarlo y ser una figura de amor y de apoyo para los niños.

Veamos algunas de las funciones principales de este rol:

- *Aceptar y respetar las dinámicas familiares*
El primer paso para ser una buena madrastra es aceptar y respetar las dinámicas ya establecidas dentro del hogar. Los niños, especialmente si son mayores, pueden estar atravesando un proceso emocional difícil al adaptarse a la nueva figura. Es fundamental no presionarlos para que te acepten de inmediato. Ten paciencia; respeta su espacio y su tiempo. La Biblia también habla sobre la importancia de la paciencia y del respeto en las relaciones familiares. Efesios 4:2 nos instruye al respecto: *"Con toda humildad y mansedumbre,*

soportándoos con paciencia los unos a los otros en amor" (Efesios 4:2, RVR).

Tu rol no debe ser el de imponer tu autoridad, sino el de ser un apoyo. Ser paciente con los hijos de tu pareja, incluso cuando no se ajusten a tu presencia de inmediato, es crucial para lograr una relación saludable.

• *Establecer una relación de confianza*

Las relaciones de confianza no se construyen de la noche a la mañana. Debes trabajar para ganarte la confianza de los niños. Esto implica ser coherente, sincera y cumplir tus promesas. La confianza se cultiva a través de pequeñas acciones diarias: escucharlos, ofrecerles apoyo cuando lo necesiten y ser un modelo de comportamiento amoroso y respetuoso.

En Proverbios 3:3-4, La Biblia nos enseña que la lealtad y la fidelidad son esenciales para establecer relaciones sólidas: *"No te apartes de la misericordia y la verdad; átalas a tu cuello, escríbelas en la tabla de tu corazón; y hallarás gracia y buena opinión ante los ojos de Dios y de los hombres"* (Proverbios 3:3-4, RVR).

Siendo sincera y mostrando lealtad a los niños y su bienestar, poco a poco empezarás a ganar su confianza, lo que es esencial para que la relación se fortalezca.

• *Establecer límites claros y concretos*

Aunque tu rol puede variar dependiendo de la situación familiar, es importante establecer límites claros y concretos. Esto significa que tanto los hijos como tú deben entender qué se espera en cuanto a comportamiento, respeto mutuo y responsabilidad dentro del hogar. Los límites no son un signo de autoridad rígida, sino de amor y de cuidado para fomentar un ambiente seguro y saludable para todos. Es crucial que tanto el padre como su nueva esposa trabajen juntos para establecer estas normas, con un enfoque que no sea punitivo, sino formativo, a fin de buscar siempre el bienestar de los niños.

• *No intentar reemplazar a la madre biológica*

Es importante reconocer que cada figura materna tiene un lugar único en la vida de los hijos. En lugar de intentar llenar el vacío de la madre biológica, debes encontrar tu propio rol, el cual puede ser complementario y pleno de amor.

En la Biblia, vemos ejemplos de figuras maternas y paternales que no trataron de reemplazar a la figura original, sino que desempeñaron un papel vital en la vida de los hijos. Moisés, por ejemplo, fue criado por la hija del faraón, quien no trató de reemplazar a su madre biológica, pero sí le ofreció una influencia positiva. En 1 Tesalonicenses 2:7, el apóstol Pablo utiliza la metáfora de una madre para describir cómo debe ser nuestra actitud para con los demás: *"Pero fuimos tiernos entre vosotros, como la nodriza que cuida con cariño a sus propios hijos"* (1 Tesalonicenses 2:7, RVR).

El cuidado y amor incondicional que una madrastra puede ofrecer a los niños es invaluable, lo cual no implica suplantar a la madre biológica, sino complementar y ofrecer un espacio seguro para su desarrollo.

• *Ser un modelo de amor y de respeto*

Sé un modelo por seguir en cuanto a amor y a respeto. Los niños aprenden mucho observando a los adultos; tu comportamiento influirá en cómo ellos gestionan sus propias relaciones. El amor incondicional, la paciencia, la amabilidad y el respeto para con su padre, ellos mismos y los demás son actitudes que los niños aprenden de manera natural. La Biblia es clara en cuanto al amor que debemos mostrar: *"Amados, si Dios nos ha amado así, debemos también nosotros amarnos unos a otros"* (1 Juan 4:11, RVR).

Mostrar amor verdadero y compasivo, sin expectativas de que este sea correspondido de inmediato, es una clave para construir relaciones duraderas y saludables en el hogar.

• *La oración y la dependencia de Dios*

Finalmente, como madrastra, tu relación con Dios es fundamental. A menudo, las situaciones familiares pueden ser complejas y difíciles de manejar sin la guía divina. La oración constante te ayudará a obtener sabiduría, paciencia y compasión para manejar cada situación que surja. Además, la oración por los niños, por tu pareja y por ti misma te ayudará a mantener la paz y la unidad en el hogar. Santiago 1:5 nos anima a pedirle sabiduría a Dios: *"Si alguno de vosotros tiene falta de sabiduría, pídala a Dios, el cual da a todos abundantemente y sin reproche, y le será dada"* (Santiago 1:5, RVR). Pedirle a Dios sabiduría en cada paso te permitirá tomar decisiones basadas en el amor y en el deseo de construir una familia que lo honre.

REFLEXIÓN

Ser una buena madrastra requiere paciencia, amor y la disposición de trabajar en equipo con tu pareja. No se trata de suplantar a la madre biológica, sino de ser una fuente de apoyo, amor y respeto en la vida de los niños. Al establecer límites claros, construir una relación basada en la confianza y modelar el amor de Cristo, puedes ser una influencia positiva en sus vidas. Recuerda que, con la ayuda de Dios, puedes desempeñar este rol de manera exitosa y ser un ejemplo de su amor para las nuevas generaciones.

ORACIÓN

Señor, te doy gracias por el privilegio de ser madrastra en esta familia. Te pido que me des sabiduría para manejar con amor y paciencia cada situación que enfrente. Ayúdame a ser un modelo de respeto y amabilidad, y a construir una relación sólida basada en la confianza. Te pido que fortalezcas mi matrimonio y que me guíes en todo momento para ser una fuente de apoyo y consuelo para los hijos de mi pareja. Que, a través de mi vida, ellos puedan ver tu amor y tu Gracia. En el nombre de Jesús, amén.

10

CÓMO AVIVAR LA LLAMA DEL AMOR EN EL MATRIMONIO

"Y ante todo, tened entre vosotros ferviente amor; porque el amor cubrirá multitud de pecados".

1 Pedro 4:8

¿ESTOY INVIRTIENDO TIEMPO Y ESFUERZO DELIBERADO EN MI MATRIMONIO, O LO DOY POR SENTADO EN MEDIO DE LAS OCUPACIONES? ¿ESTAMOS CULTIVANDO NO SOLO LA CERCANÍA FÍSICA, SINO TAMBIÉN EMOCIONAL Y ESPIRITUAL? ¿HAY RESENTIMIENTOS NO RESUELTOS QUE ESTÁN DIFICULTANDO NUESTRA CONEXIÓN? ESTAS Y MUCHAS PREGUNTAS MÁS NECESITAMOS HACERNOS EN POS DE AVIVAR LA LLAMA QUE UNA VEZ SENTIMOS SI QUEREMOS SEGUIR CONSTRUYENDO CADA DÍA UNA FAMILIA EN CRISTO.

El matrimonio es un viaje lleno de desafíos, pero también de grandes bendiciones. Uno de los aspectos más importantes de este viaje es mantener viva la llama del amor. En muchos matrimonios, especialmente con el paso del tiempo y con las responsabilidades diarias, esta llama puede empezar a apagarse, lo que puede generar distancia emocional, falta de comunicación y, en casos extremos, la ruptura de la relación. Sin embargo, Dios nos ha dado principios en su Palabra para avivar esa llama y mantener la pasión, la intimidad y la cercanía en el matrimonio.

A continuación, exploraremos varias formas bíblicas y prácticas de mantener viva la llama del amor en el matrimonio.

• Recordar el compromiso inicial

Cuando una pareja se casa, lo hace con un corazón lleno de promesas y expectativas de amor eterno. Sin embargo, con el tiempo, las responsabilidades, las luchas y las dificultades pueden hacer que los esposos pierdan de vista lo que los unió en primer lugar. Cantares 2:15 dice: *"Cazadnos las zorras, las zorras pequeñas, que echan a perder las viñas, porque nuestras viñas están en flor"*. Las "zorras pequeñas" representan las pequeñas distracciones y problemas que pueden alejarnos del propósito original del matrimonio. Por eso es necesario que recordemos las razones por las que nos casamos, las promesas que nos hicimos y las bendiciones que compartimos juntos. Reavivar esas memorias y expresar gratitud por el amor vivido puede ser un buen punto de partida para revivir la llama del amor.

• Dedicar tiempo de calidad juntos

El tiempo compartido de calidad es uno de los pilares más fuertes para avivar el amor en el matrimonio. El evangelio de Marcos 6:31 nos relata cómo Jesús les dijo a sus discípulos: *"Venid vosotros aparte a un lugar desierto, y descansad un poco*". La importancia de apartarse de las preocupaciones diarias para disfrutar del tiempo juntos no solo es una recomendación, sino una necesidad para los matrimonios. ¿Qué significa esto?, que, aunque la vida esté llena de tareas, responsabilidades y desafíos, debemos priorizar poder pasar tiempo juntos. No se trata solo de estar en el mismo espacio, sino de estar presentes el uno para el otro. Tener una cita, hacer algo divertido juntos o, simplemente, compartir un café pueden ser maneras afectuosas de reconectar emocionalmente, acercarnos y fortalecer el vínculo.

• *Reavivar la comunicación afectiva*
La comunicación es clave en cualquier relación, pero en el matrimonio es vital para mantener la conexión emocional y la comprensión mutua. A menudo, los esposos dejan de hablar sobre sus sentimientos, sus preocupaciones y sus deseos, lo que puede crear malentendidos y distancia. *Efesios 4:29* nos dice: *"Ninguna palabra corrompida salga de vuestra boca, sino la que sea buena para la necesaria edificación, para que dé gracia a los oyentes"*. Hablar sobre los sentimientos, las necesidades, las metas y las preocupaciones ayuda a crear un ambiente de comprensión y apoyo, lo cual es fundamental para mantener viva la llama del amor. Muchas veces dejamos de hablar —según pensamos— para evitarle al otro una preocupación; sin embargo, cuando compartimos nuestras cargas, todo es más ligero y más fácil.

• *Practicar el perdón y la paciencia*

El amor en el matrimonio no siempre es fácil. Habrá momentos de desacuerdos, ofensas y malentendidos. Sin embargo, la clave para avivar la llama del amor es la disposición para perdonar. Colosenses 3:13 nos enseña: *"Soportándoos unos a otros, y perdonándoos unos a otros si alguno tiene queja contra otro; de la manera que Cristo os perdonó, así también hacedlo vosotros"*.

El perdón no solo es necesario para la paz y para la armonía, sino que también mantiene la relación libre de resentimientos y de amarguras. Aprender a perdonar de manera rápida y sincera nos permite tener una relación dispuesta al amor y a la intimidad. La paciencia y la comprensión en los momentos difíciles también fortalecen el vínculo matrimonial.

• *Reavivar la intimidad física y emocional*

La intimidad física es un componente vital del matrimonio, no solo para la satisfacción sexual, sino también para fortalecer el vínculo emocional. Cantares 4:10 expresa: *"¡Qué hermosos son tus amores, hermana mía, esposa mía! Más dulces que el vino son tus amores, y el olor de tus ungüentos más que el de todas las especias"*. Este versículo nos muestra cómo el amor romántico y la pasión pueden (y deben) ser una expresión continua en el matrimonio.

No se trata solo de mantener una vida sexual activa, sino también de practicar el afecto físico diario: abrazos, besos, tomarse de la mano, caricias. Estos gestos son esenciales para mantener la cercanía física y emocional. El esposo y la esposa deben hacer un esfuerzo consciente para cuidar y nutrir la intimidad, ya que la falta de esta puede llevar al distanciamiento.

• *Servir al cónyuge con amor y respeto*
Ayudarnos mutuamente es una forma poderosa de mantener la llama del amor. En un matrimonio, ambos cónyuges están llamados a servir al otro de manera desinteresada, siguiendo el ejemplo de Jesús, quien vino no para ser servido, sino para servir. Efesios 5:33, la Palabra nos enseña: *"Pero también vosotros, cadaunoenparticularame a su esposacomo a sí mismo; y la esposa respete a su marido"*.
Cuando los esposos se ayudan mutuamente —ya sea con las tareas del hogar, apoyándose en los proyectos personales o, simplemente, mostrando gestos de bondad—, esto crea un ambiente de amor constante. El respeto mutuo también es fundamental. Cuando la esposa siente que su esposo la respeta (y viceversa), la relación se fortalece y se hace más duradera.

• *Orar juntos y buscar a Dios como pareja*
Nada avivará la llama del amor más que poner a Dios en el centro de la relación. La oración conjunta es un acto poderoso que no solo trae a la pareja más cerca de Dios, sino que también los une más entre sí. Mateo 18:20 dice: *"Porque donde están dos o tres congregados en mi nombre, allí estoy yo en medio de ellos"*. Cuando un matrimonio ora conjuntamente, no solo está presentando sus necesidades y deseos a Dios, sino que también está invocando su presencia para que guíe su relación. La oración fortalece el vínculo

espiritual y permite que Dios sea el que avive y mantenga la llama del amor en el matrimonio.

• *Mantener la admiración y la gratitud*
El aprecio mutuo es clave para avivar la llama del amor. Proverbios 31:28 dice: *"Se levantan sus hijos y la llaman bienaventurada; y su marido también la alaba"*. La admiración y aprecio continuos por el cónyuge ayudan a fortalecer el amor y mantener el deseo de estar cerca el uno del otro. Expresemos, cuantas veces podamos, nuestra gratitud por las cualidades, esfuerzos y sacrificios de nuestra pareja. A veces, la rutina diaria hace que dejemos de apreciar lo que antes nos encantaba de nuestro cónyuge. El poder hacerlo regularmente no solo fomenta un ambiente de respeto, sino también uno de amor y admiración, lo cual avivará la llama del amor.

REFLEXIÓN

Avivar la llama del amor en el matrimonio no es un proceso que se dé por sentado. Requiere esfuerzo constante, compromiso y un deseo genuino de cuidar y nutrir la relación. Al practicar el perdón, la comunicación abierta, la intimidad física y emocional, y el servicio mutuo, un matrimonio puede permanecer fuerte y lleno de pasión a lo largo de los años. Y, por encima de todo, al poner a Dios en el centro, el matrimonio se convierte en un reflejo de su amor inquebrantable.

ORACIÓN

Señor, te doy gracias por el regalo del matrimonio. Te pido que avives la llama del amor entre mi esposo/a y yo. Ayúdanos a mantener nuestra relación llena de pasión, respeto y amor mutuo. Que podamos, a través de la comunicación, el perdón, y el servicio, reflejar tu amor en nuestra relación. Te pedimos que sigas siendo el centro de nuestro matrimonio y que, a través de ti, podamos vivir una relación que honre tu nombre. En el nombre de Jesús, amén.

TODO LO QUE DIGAS TIENE
QUE SER PASADO Y FILTRADO
POR LA PALABRA.
LAS PALABRAS DICHAS
TIENEN CONSECUENCIAS
Y CAUSAN HERIDAS
PROFUNDAS. POR ESO
TENGAMOS MUCHO
CUIDADO: EL MATRIMONIO
ES LARGO, Y DEBEMOS
CUIDARLO.

11

CLAVES PARA UNA COMUNICACIÓN SABIA Y SÓLIDA EN EL MATRIMONIO

"Os ruego, pues, hermanos, por el nombre de nuestro Señor Jesucristo, que habléis todos una misma cosa, y que no haya entre vosotros divisiones, sino que estéis perfectamente unidos en una misma mente y en un mismo parecer".

1 Corintios 1:10

BUSCA LA SABIDURÍA Y EL AMOR COMO GUÍA. LA CLAVE DE UNA BUENA COMUNICACIÓN EN EL MATRIMONIO RADICA EN **LA SABIDURÍA DIVINA Y EN EL AMOR INCONDICIONAL.**

Antes de comenzar una discusión, nos urge orar y aquietar las aguas. Hablar desde el enojo nunca nos traerá paz. Primeramente, necesitas estar en paz contigo mismo antes de comenzar a hablar y de soltar palabras de las que más tarde podrás arrepentirte. En lugar de reaccionar impulsivamente, pídele sabiduría a Dios, entendimiento, sabiendo que lo más importante es la relación, y no las palabras que tengas para decir. Lo que vale la pena es lo que han construido a través de los años más que cualquier argumento que hayas armado en tu mente para desahogarte, más que el orgullo, más que tu molestia por la situación que estés atravesando.

Todo lo que digas tiene que ser pasado y filtrado por la Palabra. Imagina que Jesús está en medio de ustedes, o que el Espíritu Santo está allí con ustedes diciéndoles: "Esa palabra debiste haberla dicho con amor" o "Esa palabra no edificó a tu esposo". Por ende, evita decir palabras que destruyen, porque luego será muy difícil borrar todo lo que se dijo. Las palabras tienen consecuencias y causan heridas profundas. Por eso tengamos mucho cuidado: el matrimonio es largo, y debemos cuidarlo.

La comunicación en el matrimonio es uno de los pilares fundamentales para mantener una relación sana, fuerte y edificante. Como ocurre en cualquier relación, los malentendidos y las diferencias de opiniones son inevitables; sin embargo, lo que realmente determina la salud de un matrimonio es cómo se manejan estas situaciones. El concepto de comunicación eficaz y respetuosa no solo implica hablar, sino también escuchar, entender y actuar con sabiduría. En este sentido, la forma en que nos comunicamos con nuestro cónyuge tiene un impacto directo en la estabilidad y el bienestar de nuestra relación.

Basándonos en esta realidad, resulta crucial determinar cuáles son las características que debe tener una comunicación sana en el marco del matrimonio:

• *Busca la paz antes de una discusión*
Uno de los aspectos cruciales de la comunicación en el matrimonio es saber cuándo hablar y cuándo callar. A menudo, las discusiones surgen en momentos de tensión, cuando las emociones están a flor de piel. Es fácil dejarse llevar por el impulso de decir lo primero que viene a la mente, lo que suele lastimar mucho. Las palabras dichas con ira o con frustración no pueden ser desdichas, y su impacto dura mucho tiempo, incluso después de que la discusión ha terminado. Por todo esto, antes de comenzar una discusión o conflicto, tómate un tiempo para orar y calmar las aguas. La oración nos ayuda a poner las cosas en perspectiva y a recordar que nuestro cónyuge no es el enemigo, sino alguien con quien estamos comprometidos en una vida de amor y respeto. Pidámosle al Señor que nos dé autocontrol para hablar con calma y comprensión, y no dejarnos llevar por el orgullo o por las emociones. El salmista decía: *"Pon guardia a mi boca, Señor; guarda la puerta de mis labios"*. (Salmo 141:3). Esta es una oración que podemos hacer nuestra antes de hablar en medio de un desacuerdo. Cuando nos dirigimos a Dios antes de reaccionar, Él nos guía hacia palabras que sanan, que no hieren.

• *Prioriza la relación a ganar el conflicto*
El propósito de una discusión no debe ser ganar o demostrar

que uno tiene razón, sino llegar a una solución que beneficie y fortalezca la relación. El matrimonio se basa en la unidad y en el amor y, por lo tanto, lo más importante es preservar la relación, no ganar el round. En momentos de desacuerdo, recordemos que el conflicto es temporal, pero el matrimonio es una promesa que se construye a lo largo de los años. Cada vez que sientas la necesidad de decir algo hiriente o destructivo, piensa en las consecuencias. ¿Vale la pena romper la paz por un momento de ira? ¿La relación a largo plazo es más importante que "ganar" esta discusión? Si recordamos que la relación es nuestra prioridad, elegiremos nuestras palabras con sabiduría.

Las Escrituras nos recuerdan en Proverbios 15:1: *"La respuesta suave quita la ira, pero la palabra hiriente hace subir el furor"*. A menudo, un tono suave y calmado puede disolver una posible tormenta. Mostremos amor y compasión en el momento del desacuerdo; este tipo de actitud será mucho más nutritiva que aferrarse al orgullo o a la necesidad de tener la razón.

• *Filtra las palabras a través de la sabiduría divina*

Cada palabra que decimos en el matrimonio tiene el poder de construir o de destruir. La sabiduría de Dios es esencial para asegurarnos de que lo que decimos edifica la relación, y no la desgasta. Cuando nos comunicamos, nuestras palabras necesitarán construir. Si estas reflejan el amor y el respeto que tenemos por nuestro cónyuge, contribuirán a la solución del conflicto. Si buscas el bien de los dos, pasa cada palabra por el filtro espiritual. Pregúntate: "¿Este comentario refleja la naturaleza de Cristo? ¿Contribuye a la solución o solo aumenta el problema?". En lugar de dejar que la ira dicte nuestras palabras, dejemos que el Espíritu Santo nos guíe para soltar lo que edifica y nos une más. El apóstol Pablo nos instruye en Efesios 4:29: *"No salga de vuestra boca ninguna palabra corrompida, sino la que sea buena para la necesaria edificación, a fin de dar gracia a los oyentes"*. Este versículo nos recuerda que nuestra comunicación debe ser edificante, no destructiva. Cada palabra debe tener el propósito de construir, sanar y fortalecer, y no de dañar ni de alimentar la discordia.

• Evita las palabras destructivas

En medio de una discusión, es fácil caer en la tentación de decir algo hiriente que no solo puede lastimar los sentimientos de nuestro cónyuge, sino también dejar cicatrices duraderas. Las palabras crueles, los gritos o los ataques personales no solo son destructivos, sino que pueden destruir la confianza y la intimidad en el matrimonio. Por eso, si te sientes tentado de decir algo de lo que podrías arrepentirte, detente y respira profundamente. Haz una pausa para pensar en el impacto de tus palabras y busca una manera de expresar tus sentimientos de manera respetuosa y constructiva. Piensa en lo que Cristo haría: siempre que Jesús hablaba, lo hacía con un corazón lleno de amor, compasión y sabiduría. Nosotros, como cristianos, estamos llamados a reflejar ese mismo amor y sabiduría en nuestras interacciones. Recuerda lo que nos dice Proverbios 18:21: *"La muerte y la vida están en poder de la lengua, y el que la ama comerá de sus frutos"*. Elijamos palabras que promuevan la vida y la reconciliación.

• *Busca   edificar   con   cada   palabra*

En un matrimonio, la comunicación debe ser vista como una herramienta para fortalecer la relación, y no para debilitarla. La forma en que nos comunicamos con nuestro cónyuge debe ser intencionalmente edificante. Esto significa ser cuidadosos al elegir nuestras palabras, al escuchar con atención y al mostrar empatía, incluso cuando no estemos de acuerdo. De este modo, frente a un desacuerdo (es lógico tenerlo), intenta comunicarte desde un lugar de empatía. Escucha a tu esposo/a sin interrumpir y valida sus sentimientos. Luego, exprésate con respeto, sin gritar ni atacar. Recuerda que ambos tienen el mismo objetivo: resolver el conflicto de manera pacífica y fortalecer la relación. En Colosenses 4:6 se nos enseña: *"Sea vuestra palabra siempre con gracia, sazonada con sal, para que sepáis cómo debéis responder a cada uno"*. Esta es una hermosa imagen de cómo nuestras palabras deben ser sabias, amables y cuidadosas, con el fin de traer la paz y la Gracia a cada conversación.

• *Perdona*

Finalmente, la comunicación en el matrimonio también incluye el poder del perdón. Las palabras pueden ser heridas, pero el perdón es un bálsamo que sana esas heridas. Cuando ambos cónyuges están dispuestos a perdonar y a pedir perdón, se crea un ambiente de reconciliación y de restauración. La comunicación debe estar acompañada por una actitud de humildad, disposición, para reconocer nuestros errores y un deseo genuino de sanar y seguir adelante. Si alguna vez te das cuenta de que has dicho algo que lastimó a tu esposo/a, no dudes en pedir perdón. La humildad y el arrepentimiento abren las puertas a la restauración. La comunicación fluye mucho mejor cuando ambos están dispuestos a perdonarse mutuamente.

REFLEXIÓN

Si buscamos la paz, filtraremos nuestras palabras a través de la sabiduría de Dios, y priorizaremos nuestra relación por encima de los desacuerdos momentáneos, porque nuestro matrimonio será más fuerte. La comunicación debe ser una herramienta de edificación, no de destrucción, y debe estar siempre acompañada por el perdón y por el respeto mutuo. Al final, recordemos que el matrimonio es un pacto sagrado que debe ser protegido con amor, paciencia y, sobre todo, con la ayuda de Dios.

ORACIÓN

Señor, te pido sabiduría para comunicarme con mi cónyuge de una manera que edifique nuestra relación. Ayúdame a controlar mis palabras, a ser paciente y a escuchar con amor. Que siempre pongamos nuestra relación contigo por encima de nuestras diferencias y que juntos podamos construir un matrimonio sólido en tu amor. En el nombre de Jesús, amén.

LOS LÍMITES NO SON
BARRERAS QUE SEPARAN,
SINO MARCOS QUE NOS
PERMITEN VIVIR EN
ARMONÍA Y CON RESPETO
MUTUO.

12

CÓMO ESTABLECER LÍMITES RESPETUOSAMENTE

"Instruye al niño en su camino, y aun cuando fuere viejo no se apartará de él".
Proverbios 22:6

EL ESTABLECIMIENTO DE LÍMITES NO ES UNA TAREA FÁCIL, PERO ES FUNDAMENTAL PARA TENER RELACIONES SALUDABLES Y FUNCIONALES EN TODOS LOS ÁMBITOS DE LA VIDA. ¿CÓMO FUNCIONAN LOS LÍMITES EN TU FAMILIA?

Un límite es una demarcación establecida que se hace dentro de las relaciones para que nosotros podamos ver hasta dónde están nuestros deberes y dónde empiezan nuestros derechos con cada relación en la que nos vinculamos. La importancia de establecer límites con los hijos es esencial para su desarrollo emocional, físico y espiritual. Como padres, necesitamos establecer límites claros para que nuestros hijos sepan el deber ser de cada cosa: qué es lo correcto, hasta dónde pueden moverse y cómo deben comportarse dentro de esos márgenes. Tengamos en cuenta lo siguiente:

• *Los niños son pequeños y no pueden decidir por sí mismos*
Ellos necesitan ser guiados. La Palabra dice en Proverbios 22:6: *"Instruye al niño en su camino, y aun cuando fuere viejo no se apartará de él"*. Los límites son una manera de proteger a nuestros hijos, y de guiarlos en el camino correcto. Estos los ayudan a comprender que hay reglas y principios que deben seguir, los cuales no están puestos para restringirlos ni anularlos, sino para cuidarlos y guiarlos hacia un futuro saludable y alineado con los principios de Dios.
Guiemos su corazón al entendimiento del arrepentimiento, del perdón, de la misericordia, del compartir, no como un deber religioso, sino como una respuesta natural a una convicción profunda de agradar a Dios.

• *Los niños deben saber el propósito de ese límite*
Los límites no son, simplemente, prohibiciones arbitrarias, sino una forma de protegerlos y de orientarlos hacia lo que es mejor para ellos. Es importante que nuestros hijos entiendan que los límites tienen un propósito positivo y que no se les imponen por un simple capricho.
No se trata de controlar, sino de crear un marco seguro donde el niño pueda expresar lo que necesita y, al mismo tiempo, entender lo que se espera de él.

• *Los niños deben reconocer el respeto por la autoridad*
Los niños aprenden observando. Como padres, debemos ser ejemplos de respeto por la autoridad, ya sea la autoridad del padre, la del maestro, o incluso la de las autoridades civiles, como el presidente del país. Toda autoridad es puesta por Dios. Romanos 13:1 nos recuerda que *"toda persona esté sujeta a las autoridades superiores, porque no hay autoridad sino de parte de Dios; y las que existen, por Dios han sido establecidas"*. Si los niños no aprenden a respetar la autoridad en el hogar, será difícil que lo hagan en otros ámbitos de la vida. A menudo, muchas personas tienen dificultades para imaginar a Dios como padre, simplemente porque han tenido problema con autoridades abusivas. Por eso, cuando establecemos límites claros con nuestros hijos, ellos podrán fiarse de nosotros, hablar con libertad en cada etapa de su vida. Si ellos pueden relacionarse sanamente con la autoridad, también podrán hacerlo con Dios.

Los límites son fundamentales en todas nuestras relaciones. Saber establecer estos límites es clave para vivir de manera saludable, respetuosa y equilibrada en todas nuestras interacciones. Profundicemos, entonces, en cómo podemos establecer límites efectivos en diferentes áreas de nuestra vida, siempre guiados por los principios de la Palabra de Dios.

• *Establecer límites saludables y eficaces en la relación con nuestros hijos*
Como padres, tenemos la responsabilidad de guiar a nuestros hijos en la verdad, enseñándoles la importancia del

arrepentimiento, el perdón, la misericordia y el respeto por los demás. Establecer límites claros y amorosos no solo ordena la dinámica familiar, sino que también es un acto de profundo cuidado de los hijos. Analicemos algunos pilares que tendremos que tener en cuenta para vincularnos sanamente:

✓ **El concepto de arrepentimiento y de perdón:** Enseñarles sobre la misericordia de Dios y cómo pueden arrepentirse de sus errores y buscar el perdón (no solo de los demás, sino también de Dios) es esencial para su crecimiento espiritual. Los límites ayudan a los niños a entender que, aunque fallen, siempre hay una oportunidad de restauración a través de Cristo.

• *Límites saludables con familia, amigos, y compañeros de trabajo*

En nuestras relaciones con amigos, familiares y compañeros de trabajo, establecer límites claros es vital para mantener el respeto mutuo, evitar conflictos y fomentar relaciones saludables. Estos resguardan el balance en nuestras relaciones. Por eso veamos puntos clave que evitarán malentendidos y nos permitirán construir vínculos sanos:

✓ **Respetar el tiempo y recursos de los demás:** En ocasiones, especialmente con familiares cercanos o amigos, podemos caer en la tentación de abusar de su tiempo o no ser conscientes de sus propias necesidades. Establecer límites significa reconocer que las otras personas también tienen responsabilidades, y que su tiempo es valioso. Seamos respetuosos con sus horarios y no esperemos que siempre estén disponibles para nosotros.

✓ **Delimitarelespacioemocionalyfísico:** En las relaciones personales, es necesario establecer límites en cuanto al espacio emocional (evitemos sobrecargar a otras personas con nuestros problemas) y al espacio físico (respetando el tiempo de descanso o los momentos de privacidad de los demás).

✓**Aprender a decir que no sin culpa:** Para evitar sobrecargarse, es necesario aprender a decir que no de manera respetuosa cuando se nos pide algo que no podemos hacer o que escapa a nuestras posibilidades de hacer, en especial cuando percibimos que muchas personas suelen aprovecharse de nuestra bondad.

✓ **Escuchar y reconocer los puntos de vista de los demás:** En lugar de imponer nuestras ideas, aprendamos a escuchar activamente a las demás personas. Si bien podemos no estar de acuerdo con sus puntos de vista, reconocer que tienen su propia perspectiva ayuda a crear un ambiente de respeto mutuo y comprensión. La sabiduría de Dios nos enseña a ser pacificadores. En situaciones de desacuerdo, podemos buscar un punto medio que beneficie a todas las partes involucradas. La sabiduría divina también nos enseña que, a veces, ceder no es perder, sino ganar porque, finalmente, el Señor premia a los pacificadores. Jesús dijo: *"Bienaventurados los pacificadores, porque ellos serán llamados hijos de Dios"* (Mateo 5:9).

✓**Sersabios enlaadministración del tiempo:** Reconocer la importancia de limitar el tiempo que pasamos en ciertas actividades y con ciertas personas también es parte de establecer límites saludables. Necesitamos asegurarnos de que estamos invirtiendo nuestro tiempo en lo que es más importante: nuestra relación con Dios, nuestra familia y el trabajo que Dios nos ha dado.

• *Límites internos: autocuidado y dominio personal*
A veces, los límites más difíciles que necesitamos establecer son con nosotros mismos. La autodisciplina es indispensable para evitar caer en comportamientos destructivos o poco saludables. Por eso, para protegernos de nuestros propios excesos, necesitamos ponernos límites claros y precisos. Profundicemos en algunos de estos:

✓ **Separar tiempo para el descanso y para la oración:** El descanso es tan importante como el trabajo, y la oración y la lectura de la Biblia deben ser una prioridad diaria. No caigamos en la trampa del agotamiento. Jesús nos mostró la importancia de retirarse para orar (Marcos 1:35) y, de la misma manera, necesitamos crear espacios de silencio y de reflexión para fortalecer nuestra relación con Dios.

✓ **Evitar la sobrecarga emocional:** Es vital saber cuándo dar un paso atrás y dejar ir pensamientos o emociones que nos agotan, como la ansiedad o la preocupación. Debemos proteger nuestra paz interior y ser conscientes de lo que permitimos que entre en nuestra mente.

✓ **Ser disciplinados con nuestros hábitos:** La disciplina también incluye establecer límites en cuanto a nuestras actividades cotidianas, como el tiempo frente a las pantallas, las redes sociales, o incluso las relaciones que nos afectan negativamente. La autodisciplina es una forma de honrar a Dios con nuestro cuerpo y con nuestra mente.

REFLEXIÓN

La sabiduría de Dios es decisiva en este proceso. Las Escrituras nos animan a vivir con amor, paciencia y respeto por los demás, mientras también cuidamos de nuestro bienestar emocional y físico. Los límites no son barreras que separan, sino marcos que nos permiten vivir en armonía y con respeto mutuo. Al establecer límites claros en nuestras relaciones, no solo estamos mostrando amor por los demás, sino también por nosotros mismos. Los límites no son una forma de controlar, sino de proteger y guiar, especialmente en el caso de los niños, quienes necesitan entender qué es lo que se espera de ellos. Los límites claros y saludables nos ayudan a mantener el respeto mutuo y la armonía en todas las relaciones de las que formemos parte.

ORACIÓN

Padre celestial, te pido que me des sabiduría para establecer límites saludables en mis relaciones. Ayúdame a ser un buen ejemplo, a guiar a los demás con amor y respeto, y a respetar los límites de los demás. Enséñame a vivir en armonía, sin traspasar los límites que Tú has establecido. Te pido en el nombre de Jesús, amén.

13

EL ENEMIGO DEL AMOR

"El que no ama, no ha conocido a Dios;
porque Dios es amor".

1 Juan 4:8

¿HAS SENTIDO QUE HACES LO CORRECTO, PERO NADIE
TE LO AGRADECE, NADIE LO RECONOCE? ¿SIENTES
QUE OTROS SON RECONOCIDOS POR MUCHO MENOS?
¿NECESITAS SER VALIDADO? SI TU RESPUESTA ES UN
SÍ, ¡CUIDA TU CORAZÓN! EL RESENTIMIENTO ES UNA
EMOCIÓN QUE TERMINA LASTIMANDO TODO LO BUENO
QUE NOS FUE DADO.

Siempre hemos pensado que lo opuesto al amor es el odio; sin embargo, en realidad, no lo es, sino el resentimiento. En Lucas 15, tenemos una ilustración muy clara: la historia del hijo pródigo nos muestra un maravilloso ejemplo del amor de Dios. Jesús les contó esta parábola a los fariseos para mostrarles la manera en que el Padre se preocupaba por el ser humano, y cómo se goza cuando un hijo descarriado regresa a casa. Sin embargo, los fariseos, tan amantes de la ley, el orden y la apariencia de rectitud, no entendieron el mensaje que Jesús tenía para ellos. Probablemente, se identificaron más con el hermano mayor enojado que con el hijo pródigo o con el padre.

El hijo mayor ya había permitido que el resentimiento echara raíces en su corazón, resultado de la partida de su hermano menor. No obstante, evidentemente, se sentía orgulloso de su imagen exterior: el hijo bueno y perfecto que hacía todo bien.

Pero en esta historia, con mucha frecuencia, se olvida el hecho de que al hijo mayor también le correspondía una herencia. La tierra que cultivaba y los animales que atendía llegarían a ser suyos. En otras palabras, no perdía nada si el vagabundo (o el hijo perdido) regresaba. De todos modos, este hermano era devorado por la ira, la frustración y la ansiedad. No entendía por qué su padre había tratado al hijo pródigo con tanto gusto y amor. En vez de regocijarse por el regreso de su hermano, lo critica por ser el "recién llegado". Ahora bien, la pregunta tácita de Jesús a los fariseos fue la siguiente: "¿A cuál de estos dos hijos es mejor parecerse?, ¿al que se arrepintió de haber malgastado su herencia o al que servía al padre, pero no demostró ningún amor por su hermano arrepentido?".

A menudo, nuestra naturaleza humana busca el reconocimiento por hacer lo correcto, pero también se resiste cuando alguien más es celebrado o alabado. Pero nosotros, como hijos de Dios, con nuestra nueva naturaleza de Cristo, por medio de su espíritu, podemos amar a quien más lo necesita y regocijarnos con ellos en sus triunfos, aunque eso implique que nuestros éxitos pasen desapercibidos. En muchas ocasiones, queremos ser reconocidos, que nuestro trabajo sea alabado, cuando lo que debemos hacer es darle el ciento por ciento de la gloria a Dios por todo lo que hacemos.

Pero ¿qué pasó en esta historia? El hijo que se quedó al lado del padre tenía una actitud de justicia propia. Él se consideraba lo suficientemente bueno y mucho mejor que su hermano. Según su mirada, hacía todo bien y, al compararse con el hijo perdido que regresaba, su llegada no le parecía un hecho tan importante.

Sin embargo, en la Palabra hay una riqueza de sabiduría. En esta vemos que, a los ojos de Dios, a veces, aquel que se arrepiente es mucho más valioso que aquel que siempre ha estado, no porque sea mejor, sino porque el que regresa puede ser restaurado y Dios se goza con aquellos que piden perdón y se arrepienten. Siempre hay dos caras de la moneda, y el amor debe prevalecer. Si nuestras obras no están guiadas por el amor, ¿cómo podemos decir que hemos amado? Dios es amor; por ende, el que no ama no puede amar porque no ha conocido a Dios.

Procuremos, entonces, que el amor, el cuidado por el otro sean explícitos. Nosotros somos los encargados de entregar un mensaje de amor a quienes no conocen aún al Señor.

REFLEXIÓN

El verdadero enemigo del amor no es el odio, sino el resentimiento. En la parábola del hijo pródigo, el hijo mayor es un claro ejemplo de cómo el resentimiento puede robar la paz y la alegría, incluso cuando uno cree estar en lo correcto. El hermano mayor se sintió justo y superior, pero su corazón estaba lleno de envidia y falto de amor por su hermano arrepentido. A veces, nosotros también nos enfocamos en lo que hacemos bien, sin alegrarnos por el arrepentimiento o bendición de otros: el ascenso de uno de nuestros cónyuges, hijos, un logro, etc. Y, sin amor, nuestras acciones pierden su propósito, porque Dios es amor. Cuando dejamos que el resentimiento entre en nuestras vidas y en nuestras familias, perdemos la verdadera esencia del amor divino, que nos llama a perdonar, a restaurar, a alegrarnos con los que se arrepienten, y a construir una familia plena en Cristo.

ORACIÓN

Padre celestial, te pido que limpies mi corazón de cualquier resentimiento o amargura que pueda tener. Enséñame a amar como Tú amas, sin envidia, sin rencor, sin condiciones. Ayúdame a regocijarme en los arrepentimientos de los demás y a extenderles la misma Gracia y perdón que Tú me das. Que mi vida refleje tu amor incondicional. En el nombre de Jesús, amén.

14

HÁBITOS SALUDABLES DE LA PAREJA

"Mejor son dos que uno; porque tienen mejor paga de su trabajo.
Porque si cayeren, el uno levantará a su compañero; pero ay del solo,
que cuando cayere, no habrá otro que lo levante".

Eclesiastés 4:9-10

DIOS DISEÑÓ A LA PAREJA PARA QUE, AL IGUAL QUE DOS SECCIONES DE UN MISMO CUERPO, SE APOYEN MUTUAMENTE EN TODO MOMENTO. CULTIVAR HÁBITOS SALUDABLES COMO LA ORACIÓN JUNTOS, LA COMUNICACIÓN HONESTA, EL PERDÓN DIARIO, EL RESPETO MUTUO Y EL TIEMPO COMPARTIDO SON LA BASE DE LA CONSTRUCCIÓN DE UNA FAMILIA SÓLIDA Y PLENA EN CRISTO.

Una pareja que busca ser sólida y mantenerse unida en el tiempo necesita practicar a diario hábitos saludables. Veamos de qué estamos hablando para que podamos ponerlos en la práctica y fortalecer, así, el vínculo que nos use como esposos y compañeros, lo que también beneficiará a la construcción del hogar del que somos parte...

• Tener contacto físico y sexual

Es importante que mantengamos activas todas las áreas del matrimonio, que haya un equilibrio. Que nos sintamos libres de sentirnos amados por el otro, de pedir una caricia cuando la necesitemos, respetados en los momentos de intimidad, y que estos tiempos sean cada vez más expresivos, más espontáneos, más duraderos, y, sobre todo, alegres.

• Reírse juntos

¿Te estás riendo con tu pareja, o solo discuten? Reír juntos y aprender a discutir respetuosamente son la base esencial de una comunicación sana. A veces necesitamos aprender a reírnos aun de las situaciones difíciles que nos abruman, nos duelen o, simplemente, de cualquier chiste. Definitivamente, una sonrisa va a cambiar nuestro día; será de apoyo para cada día...

• Reconocer lo que hace el cónyuge

Debemos visibilizar lo que el otro hace, aunque parezca pequeño: un chocolate, un ramo de flores, tener la casa limpia, una rica comida, ir a buscarlo al otro al trabajo, recoger los platos de la mesa son detalles importantes que enriquecen el amor del uno por el otro. Valídalo cuando tu pareja está haciendo un esfuerzo que, quizás, no le gusta, o que nunca hace. Agradece ese día en que fue a recoger a los niños, cuando llegó temprano del trabajo para pasar tiempo contigo, o cuando te sorprendió con un detalle inesperado.

• *Establecer metas juntos y acompañarse en el proceso de cumplirlas*

Es importante que ambos estén involucrados en el crecimiento de los proyectos que tienen juntos. El matrimonio no debe ser un espacio donde uno solo ayuda y el otro recibe, sino un lugar de reciprocidad, entendimiento, apoyo mutuo.

• *Compartir tiempo y miradas*

El matrimonio necesita conocerse lo suficiente para saber lo que el otro necesita para, así, dedicarse tiempo de calidad, compartir actividades, tomarse tiempo para estar con el otro y disfrutarse, hacer cosas que le gustan al otro, caminar tomados de la manos, mirarse... Tener espacios donde las caricias y los abrazos sean el lenguaje de ese momento solo de ellos es lo que alimenta el amor diario de la pareja. Te pregunto:

- ¿Te saludas cada mañana con palabras de amor y con un beso?
- ¿Sorprendes al otro con un gesto de cariño?
- ¿Le envías un mensajito durante el día?

Los gestos de amor renuevan el deseo y la conexión, la expectativa de volver a vernos. Volvamos a los elogios, a las frases cariñosas, que nos llevan a un encuentro íntimo de una manera mucho más sencilla y amorosa.

Asimismo, recordemos lo importante que es el poder compartir juntos un tiempo de oración. Estos momentos son pilares en la construcción de un hogar. Pídele que ore por ti, que te abrace en oración y reconozca cuánto se necesitan mutuamente. *"Porque uno solo puede vencer a mil, pero dos juntos pueden vencer a diez mil"* (Deuteronomio 32:30), dice la Palabra. Sin el otro, no podremos cumplir el llamado que Dios nos ha hecho.

Enfoca tu vida en estos hábitos para que estos se conviertan en un estilo de vida, teniendo a Dios como el centro de la vida de ambos.

REFLEXIÓN

Las relaciones de pareja son como un jardín que requiere cuidados constantes. Al igual que cultivamos hábitos saludables para el cuerpo, debemos fomentar hábitos que fortalezcan nuestra relación. El contacto físico, la comunicación sincera y compartir tiempo juntos son fundamentales. Además, reírse juntos, apreciar las pequeñas cosas que el otro hace y orar como pareja son claves para construir un vínculo que no solo sea fuerte, sino también enriquecedor. Es crucial que ambas personas se acompañen en sus sueños, se respeten y se ayuden mutuamente a crecer espiritualmente. La unidad en la pareja no solo es física, sino también emocional y espiritual.

ORACIÓN

Señor, te doy gracias por la pareja que has puesto en mi vida. Te pido que nos ayudes a cultivar hábitos saludables, no solo en nuestro cuerpo, sino también en nuestro corazón y en nuestra alma. Enséñanos a apoyarnos mutuamente, a orar juntos y a crecer como pareja en tu amor. Que nuestras palabras y acciones reflejen tu gloria. En el nombre de Jesús, amén.

15

ELIGIENDO A MI PAREJA DE ACUERDO AL PROPÓSITO DIVINO

"El avisado ve el mal y se esconde; mas los simples
pasan y reciben el daño".

Proverbios 22:3

CUANDO EL AMOR NO SOLO SE SIENTE... TAMBIÉN SE
ELIGE CON SABIDURÍA DIVINA. EL VERDADERO AMOR
NO SOLO ES UNA EMOCIÓN QUE SURGE DEL CORAZÓN,
SINO UNA ELECCIÓN GUIADA POR DIOS.

Muchas veces, elegimos desde la emoción, desde el deseo de no estar solos, o desde una necesidad urgente de sentirnos amados. Frente a esta urgencia, muchas veces no elegimos de acuerdo a lo que Dios quiere para nosotros, sino según la emoción o deseo que tiene el control de nuestro propio yo. Ahora bien, no se trata de si todo es perfecto, sino de si hay propósito, compatibilidad espiritual y dirección divina. Entonces, veamos ahora qué señales tener en cuenta para saber si estamos eligiendo bien y, así, poder avanzar en la construcción de una familia con las bases en nuestro Señor:

- *Tu pareja conoce a Dios y lo honra en su vida*

No puede haber verdadero amor si no hay amor por Dios. Si esa persona ha puesto al Señor en primer lugar, podrás confiar en que sabrá amarte con Gracia, perdonarte con humildad y guiarte con verdad.

- *No has reemplazado a Dios por tu pareja*

He visto muchas personas poner a su pareja en el trono que le pertenece a Dios. ¡Y Dios es celoso! Tu pareja es una bendición, pero no debe ocupar el lugar de tu adoración.

- *Comparten valores fundamentales*

¿Ambos valoran la compasión, la empatía, la generosidad? ¿Sueñan con ayudar a otros, tener una familia fuerte o crecer espiritualmente? El amor no es solo química: es visión compartida.

- *Tienen sentido del humor y disfrutan estar juntos*

La risa fortalece los lazos del alma. Si pueden reír, llorar, hablar y soñar juntos, ¡hay conexión emocional real!

- *Tu pareja es tu amigo/a, y no solo tu amante*

Una relación sin amistad es frágil. ¿Puedes hablar de todo con él/ella? ¿Se conocen profundamente? ¿Puedes mostrarle tu peor día sin miedo a ser rechazado/a?

- *Existe intimidad emocional, espiritual y física*

Una pareja saludable se toca con el alma, se une en oración y se entrega con respeto. La sexualidad bendecida por Dios se vive con plenitud y gratitud.

• *Comparten tiempo y responsabilidades*
¿Respeta tu pareja tu tiempo personal, tu devocional, tu espacio profesional? ¿Comparten responsabilidades con los hijos, el hogar y los sueños?

• *Se corrigen sin herirse*
Una buena pareja sabe decir: "No me gusta esto pero, aun así, te amo". Sin agresión, sin miedo. La corrección mutua es parte del crecimiento.

• *Tienen intereses y culturas compatibles*
No necesitan ser iguales, pero sí aprender a celebrar las diferencias. Si uno ama el verano y el otro el invierno, ¿pueden disfrutar juntos ambas estaciones?

Y, por último, el apóstol Pablo nos dice en 2 Corintios 6:14: *"No se unan en yugo desigual con los incrédulos..."*. ¿Por qué nos advirtió esto? No podemos unirnos con aquellos que no comparten nuestra fe; el hacerlo puede generar, en ciertos momentos de nuestra vida, peleas, discusiones espirituales, morales, que influirán directamente en las decisiones que tengamos en la construcción de la futura familia. Dios intenta resguardarnos de quienes puedan alejarnos de Él, nos desvíen de su voluntad (1 Corintios 15:33), detengan nuestro crecimiento y nuestro tiempo de intimidad con Él. Dios anhela que vivamos en libertad, sin estar sujetos a nadie que impida nuestro vivir en Cristo.

REFLEXIÓN

Una buena elección de pareja no es solo una cuestión emocional: es una decisión espiritual. Cuando Dios une dos vidas, lo hace con propósito. Por eso no busques perfección, sino obediencia. No exijas lo que no das. Pero, por sobre todas las cosas, pon a Dios primero, para que Él te revele si esa persona es la ayuda idónea que fue diseñada para ti.

ORACIÓN

Señor amado, gracias porque Tú tienes planes de bienestar, y no de mal para mi vida sentimental. Hoy te entrego mi corazón, mis pensamientos y mis deseos de compartir la vida con alguien. Dame sabiduría para reconocer una relación que viene de ti. Líbrame de ataduras emocionales que me cieguen, y abre mis ojos para ver con claridad a la persona que Tú has preparado para mí. Si estoy en una relación, ayúdame a evaluarla con tu verdad. Y, si estoy solo/a, enséñame a esperar con gozo y esperanza. Quiero una relación que glorifique tu nombre y me acerque a ti. En el nombre de Jesús, amén.

16

DESAFÍOS EN PAREJAS CON HIJOS DE RELACIONES ANTERIORES

*"Y si una casa está dividida contra sí misma,
tal casa no puede permanecer".*

Marcos 3:25

EN NUESTRAS RELACIONES MODERNAS, MUCHAS VECES LLEGAN A NUESTRA VIDA PAREJAS QUE TIENEN HIJOS DE RELACIONES ANTERIORES. ESTO PUEDE GENERAR INSEGURIDADES, CONFLICTOS Y TENSIONES SI NO SE MANEJA CON AMOR, SABIDURÍA Y UNA VISIÓN CENTRADA EN EL PROPÓSITO ETERNO DE DIOS.

En muchos corazones, el pensamiento inmediato es "Los hijos de mi pareja son un problema". Pero esta es una mentira del enemigo. En realidad, tú estás siendo llamado a una misión de amor: ser parte del plan de Dios para la vida de esos niños, quienes también necesitan ser amados, afirmados y guiados al destino que el Padre ha preparado para ellos, tal como lo expresa el apóstol Pablo en la Palabra de 1 Corintios 13:7: *"El amor todo lo sufre, todo lo cree, todo lo espera, todo lo soporta"*. Entonces, veamos qué necesitamos tener en cuenta cuando vamos a formar parte de una familia que ya está constituida, pero de la cual pasaremos a ser parte...

• *Mostrémonos*   *auténticos*

Sé tú mismo. No trates de impresionar ni de fingir. Los niños perciben la autenticidad. Ellos no necesitan una "madrastra" o un "padrastro" como figura rígida; necesitan a alguien genuino que los ame y los respete por quiénes son; que los motive; que los impulse a ser la mejor versión de sí mismos; que sientan que tienen un lugar en tu vida; y que te interesas por sus vidas.

• *Respeta el vínculo que esos niños ya tienen con su padre o con*   *su*   *madre*

Tu presencia no llegó para romper, sino para enriquecer. Esa relación preexistente debe ser protegida y valorada. Si amas a tu pareja, amas lo que él/ella ama, incluyendo a sus hijos. Y recuerda: tú no estás allí para competir con esa figura, sino para sumar.

• *No*   *impongas*   *tu*   *presencia*

Los lazos no se fuerzan: se ganan. Busca puntos de conexión: acompáñalos a sus actividades favoritas, comparte tiempo de calidad, interésate por sus gustos. La confianza se construye con paciencia y con acciones concretas.

• Acepta cómo te llaman

No obligues a un niño a decirte "mamá" o "papá". Ese título se gana: no se exige. Si te llaman por tu nombre, está bien. Con el tiempo, el cariño mutuo dará forma a cómo desean nombrarte. Por otra parte, nunca hables mal del padre o madre biológicos. Frases como "La bruja de tu mamá" o "Tu papá es un inútil" solo siembran división. Siembra respeto. Estas palabras solo dañan corazones.

• Ten expectativas reales

Ama a esos hijos por quiénes son, y no por lo que esperas que sean. No midas su valor por su obediencia o por su afecto. Ellos no te deben nada; eres tú quien fue llamado a amarlos.

REFLEXIÓN

Dios es experto en redimir familias. No hay estructura imperfecta que Él no pueda usar para manifestar Su gloria. Tú no llegaste por casualidad; llegaste para ser una influencia santa y firme. Serás instrumento de unidad si mantienes tu mirada en Cristo y tu hablar alineado con su Palabra.

ORACIÓN

Señor amado, hoy te presentamos las familias donde hay hijos no comunes. Danos corazones llenos de amor, palabras llenas de vida, y paciencia para edificar puentes donde antes hubo muros. Ayúdanos a respetar lo que ya existía antes de nuestra llegada y a añadir valor, ternura y propósito. Que el amor venza toda división, y que tu Espíritu Santo nos enseñe cómo amar con sabiduría. Te pedimos que bendigas a cada niño y que uses nuestra vida para mostrarles tu amor eterno. En el nombre de Jesús, amén.

17

CÓMO DETECTAR UNA CRISIS MATRIMONIAL

"Porque donde hay celos y contienda, allí hay perturbación y toda obra perversa".

Santiago 3:16

EL MATRIMONIO ES UNA INSTITUCIÓN SAGRADA Y, COMO TAL, PUEDE ATRAVESAR MOMENTOS DE DIFICULTAD. RECONOCER LAS SEÑALES DE UNA CRISIS ES VITAL PARA PODER SANAR Y RESTAURAR LO QUE ESTÁ DAÑADO.

Una de las preguntas que muchas veces nos hacemos es la siguiente: "¿Cómo sé si mi matrimonio está en crisis?". A veces, nos cuesta reconocerlo porque tememos a esta palabra: "crisis". Pero una crisis no siempre es el fin: a menudo es una llamada o aviso de Dios para cambiar de dirección, sanar lo que ha sido herido y restaurar lo que se ha debilitado. El sabio Salomón escribió: *"El sabio ve el peligro y lo evita; el necio sigue adelante y sufre las consecuencias"* (Proverbios 27:12). Hay varios puntos que debemos tener en cuenta, y uno de los primeros síntomas a los que debemos prestarles atención se da cuando atravesamos situaciones que antes se manejaban con diálogo y con perdón, y ahora parecen paredes insuperables. Los problemas pequeños ahora parecen imposibles de resolver. El diálogo ha desaparecido. Uno (o ambos) ya no está dispuesto a dialogar. Y esta es una señal de alerta importante. ¿Por qué?, porque la comunicación es el oxígeno del matrimonio. Si ya no se escuchan con amor, si todo es juicio, acusación o un frío silencio frío, están caminando hacia aguas profundas. Ya ninguno de los dos quiere realizar acuerdos. Y es entonces cuando comienzan a vivir vidas paralelas. Hacen todo separados: horarios, responsabilidades, amistades. Y, si bien no todo debe ser compartido, no debe haber más distancia emocional que cercanía emocional. Ahora bien, ¿a qué nos lleva toda esta situación?

Uno de los dos comenzará a sentirse solo, incluso estando acompañado. Este es uno de los síntomas más tristes. Estar junto a alguien, pero sentir que no hay conexión emocional, ni apoyo, ni presencia verdadera con quien has elegido para compartir la vida. Y, entonces, se busca fuera lo que debería encontrarse dentro del pacto matrimonial. Al llegar a este punto, les abres la puerta a las infidelidades, ya sean emocionales o físicas. Aunque no siempre es así, muchas veces la infidelidad es fruto de un terreno descuidado. No siempre se llega ahí por maldad, sino por ese abandono emocional prolongado. De todos modos, el daño que este produce es real. Y necesita intervención, perdón y, muchas veces, terapia.

¿Qué hacemos, entonces, si estamos atravesando una crisis de pareja? Busquemos la presencia del Señor. Sanemos. También busquemos a una persona que pueda escucharnos: un buen terapeuta, un psicólogo, o incluso un pastor que pueda servir como un punto medio entre nosotros. No se trata solamente de reconocer que estamos en crisis, sino de reflexionar sobre cómo resolverla. Muchas de estas crisis suelen ser transitorias; no obstante, pueden debilitar y lastimar enormemente nuestros vínculos amorosos. Por eso es importante no solo reconocer lo que nos está pasando, sino también llevar este dolor y este tiempo delante de Dios y buscar su guía. Recordemos que siempre podemos encontrar una solución en Cristo, para que el amor, la comprensión, la empatía, la ayuda mutua y la fe en el matrimonio vuelvan a nacer.

REFLEXIÓN

La falta de comunicación, la indiferencia o el sentirse solo dentro de la relación son señales de que algo no está funcionando correctamente. Sin embargo, la crisis no es el final, sino una oportunidad para volver a alinear el matrimonio con los principios de Dios. La restauración comienza con el arrepentimiento, la oración y el compromiso de sanar juntos. Es necesario hacer un esfuerzo consciente por mejorar la comunicación, y buscar siempre la reconciliación y el perdón.

ORACIÓN

Señor, reconozco que mi matrimonio está atravesando un tiempo difícil, pero sé que Tú puedes restaurar lo que está roto. Te pido que nos des sabiduría y fortaleza para superar esta crisis. Ayúdanos a comunicarnos con amor y comprensión, a perdonarnos mutuamente y a reconstruir nuestra relación sobre los cimientos de tu amor. Que no caigamos en la tentación de la separación, sino que busquemos siempre tu voluntad. En el nombre de Jesús, amén.

18

CINCO ACTITUDES QUE NO DEBES TENER EN EL MATRIMONIO

"El amor es sufrido, es benigno; el amor no tiene envidia, el amor no es jactancioso, no se envanece, no hace nada indebido, no busca lo suyo, no se irrita, no guarda rencor".

1 Corintios 13:4-5

UN SIMPLE ACTO DE AMOR, UN PEQUEÑO CAMBIO, UNA SORPRESA PUEDEN TRANSFORMAR LA ATMÓSFERA DE TU HOGAR. COMO DECÍA LA POETA MAYA ANGELOU: "SI NO TE GUSTA ALGO, CÁMBIALO. SI NO PUEDES CAMBIARLO, CAMBIA TU ACTITUD".

¿Qué cosas estás haciendo en tu matrimonio que no ayudan a que el amor crezca? ¿Están invirtiendo tiempo juntos? ¿Estás siendo un apoyo para el otro o una carga? Es tiempo de repensar la manera en que estamos construyendo nuestro hogar para, así, hacer un cambio de acuerdo al propósito divino que Dios creó para que la pareja y la familia crezcan en el mismo amor que Cristo tiene por su Cuerpo. Veamos qué acciones debemos evitar:

• Faltar al respeto

En muchas ocasiones, las parejas creen que los insultos, la maldición, las malas palabras o levantarle la mano al cónyuge son actitudes aceptables. Falso. Cuando se trata de entenderse y de liberar frustraciones, es fundamental evitar los insultos y, en su lugar, conversar. Exprésale lo que estás pensando, incluso si tiene ideas completamente opuestas a las suyas. Aun cuando sepas lo que el otro piense, la idea de dialogar ayuda a mantener una conversación honesta, civilizada y tranquila. Poder hablar con respeto es esencial cuando hay enojo y es la clave para construir una relación exitosa y feliz. Es importante que podamos expresar aquellos que pensamos, sentimos y deseamos.

• Hablar mal del otro con otras personas

Cuando nos enojamos con nuestra pareja, muchas veces intentamos desahogarnos de nuestras frustraciones, de nuestros dolores, de nuestras ansiedades, hablando con amigos, familiares, o aun enviando mensajes con frases por las redes. Al hacerlo, ese miembro de la familia o amigo le tomará bronca y luego, cuando la pareja se arregla, para el otro nada será igual. De este modo, estás dañando una relación, y no solo eso: le estás dando a conocer al otro la poca admiración y respeto que tienes por tu pareja al hablar mal de alguien que no está presente.

• *Interrumpir a tu pareja mientras está explicando una situación*

Interrumpir todo el tiempo al otro mientras la persona nos está compartiendo tal vez lo que pasó durante su día solo demuestra falta de interés. Es una actitud grosera y descuidada. Si bien es sano poder hablar, también lo es poder escuchar cuando el otro está hablando.

• *Discutir delante de los niños*

Ellos son como esponjas que absorben todo lo que ven y escuchan, acciones que luego, seguramente, copiarán.

• *No   agradecer*

No demos nada por hecho. Muchas veces nos olvidamos de valorar los pequeños gestos, como ser, que nuestro esposo le cargue gasolina al auto. Pequeños detalles que merecen ser agradecidos y que nos cambian la manera en que miraremos ese día y el otro. Tómate un minuto para agradecer, para expresar una palabra de gratitud: este simple gesto fortalece el amor que los une.

Recordemos que estar en una buena relación con nuestro cónyuge los ayudará a ambos a alcanzar los objetivos que se han trazado como familia. El matrimonio es la base de la sociedad y la base de todas las relaciones humanas que van a establecer nuestros hijos en el futuro. Por ende, edifiquemos nuestro hogar, compartamos tiempo y seamos honestos el uno con el otro. Tener un tiempo de calidad de oración juntos traerá un cambio sustancial en la intimidad y en todas las áreas de la relación.

REFLEXIÓN

El matrimonio es un pacto de amor y de compromiso. Existen actitudes que pueden debilitar este lazo, como la falta de respeto, hablar mal de tu pareja con otros, o interrumpir durante una conversación. Estas actitudes van en contra del amor verdadero, que es paciente, respetuoso y busca siempre lo mejor para el otro. En lugar de caer en estas prácticas destructivas, esforcémonos por ser honestos, amables y considerados. Cuando el respeto mutuo se pierde, la relación también se resiente. Por todo esto, es importante que no solo evitemos las cosas que dañan el matrimonio, sino que también nos esforcemos por hacer todo lo contrario: alentar, comprender y apoyar.

ORACIÓN

Señor, te pido perdón por las veces en que he fallado en mi matrimonio. Ayúdame a dejar de lado actitudes que dañan a mi pareja y a nuestra relación. Enséñame a respetar, escuchar y valorar a mi esposo/a en todo momento. Que mi amor por él/ella sea como el amor que Tú nos muestras cada día: puro, paciente y sin condiciones. En el nombre de Jesús, amén.

19

RUIDOS EN LA COMUNICACIÓN DE PAREJA

"Sabed esto, mis amados hermanos: que todo hombre sea pronto para oír, tardo para hablar, tardo para airarse".

Santiago 1:19

CUANDO DISCUTES CON TU PAREJA, ¿ESCUCHAS PARA ENTENDER O SOLO PARA RESPONDER? ¿HAS USADO EL SILENCIO, LOS GRITOS O LOS EMOJIS GROSEROS EN LUGAR DE PALABRAS DE RECONCILIACIÓN? ES TIEMPO DE SANAR LAS HERIDAS, DE SOLTAR LO QUE NOS DUELE, LO QUE NOS MOLESTA O NO DISGUSTA Y, LUEGO, RESTAURAR. LOS RUIDOS EN LA COMUNICACIÓN NOS HABLAN DE DOS NECESIDADES: MÁS DE ÉL Y MÁS AMOR.

Uno de los ruidos que suelen darse en la comunicación de pareja es la falta de escucha activa. ¿Qué significa esto? En mi experiencia de atender a parejas, me encuentro con un patrón recurrente: ambos hablan, pero no se escuchan. Un ejemplo claro es cuando le pregunto algo a él, y ella responde; o cuando, sin importar a quién le pregunte (a él o a ella), siempre es ella quien termina respondiendo. En esos momentos pienso: "Ajá, aquí ya tenemos un esbozo del problema". Cuando una persona solo busca ser escuchada, pero su pareja no le da ese espacio, se va generando una grieta que, de no atenderse, puede convertirse en una crisis. Ciertamente, cuando uno de los dos solo quiere ser escuchado y no escuchar, habrá un problema en la comunicación. En algún momento, la conversación se volverá intolerante. Una hablará por encima de la otra o, simplemente, repetirá constantemente: "¡Necesito que me escuches!", mientras niega ese mismo derecho a su pareja, donde lo único que hay es un monólogo.

El segundo síntoma alarmante aparece cuando reaccionamos desproporcionadamente, con una ira desmedida a simples comentarios; entramos a casa sin saludar; o reaccionamos como si cada palabra del otro fuera un ataque. Estas son claras señales de que la conexión emocional se está rompiendo.

Otro síntoma lo vemos en aquellas palabras y gestos irrespetuosos que usamos y que nos damos para comunicarnos. A veces, hasta solemos usar gestos vulgares, miradas que hieren, que lastiman...

Otro síntoma es tomar en cuenta solo "mis" emociones, cuando solo nos centramos en lo que el otro nos dijo y lo que esas palabras o esos gestos nos hicieron sentir: "Yo siento esto", "Yo pienso aquello", "Yo necesito esto otro". Nos encerramos tanto en nuestro propio discurso que no le dejamos espacio al otro, ni siquiera un lugar para existir en la conversación... Yo, yo, yo, yo... Finalmente, pensamos que todos los conflictos los podremos arreglar por wasap pero, en realidad, esto no es así. Es triste que no podamos comunicarnos con palabras y que usemos emojis para hacerlo. Es más: existen emojis que ciertas parejas utilizan, muy groseros, que denotan una alarmante falta de respeto del uno por el otro. Pero los problemas de pareja merecen soluciones a la altura de lo que un día soñaron construir. Esa relación que comenzó con amor y con promesas exige palabras sinceras y el coraje de expresarle al otro lo que realmente se está sintiendo y viviendo.

Otra alarma importante es la presencia de mucha crítica y la ausencia de elogios. Todas las críticas que salen de nuestra boca, todo ese *barro* contamina al otro integrante de la pareja y a uno mismo. La Palabra dice: *"No se ponga el sol sobre vuestro enojo"*. No vayamos a dormir estando enojados: hablemos, aclaremos. Sé que es difícil, pero es importante que podamos hacerlo por el bien de la familia, de todos sus integrantes.

Otro punto importante es creer que tú tienes la razón en todo. Cuando te crees poseedor de la verdad, ni siquiera le darás la opción al otro para que pueda defenderse o pueda expresarte algo que quiera compartirte. Recuerda que la relación de pareja no es un ring: es una relación en la que el

Señor los ha unido con un propósito y ambos deben cumplir ese propósito, para que su familia crezca feliz y con los valores que Jesús nos enseña cada día.

 Ten en cuenta que la falta de comunicación efectiva en la pareja es un factor decisivo para la salud de cualquier relación. Los síntomas pueden variar, pero lo que se comparte es que ambos se sienten incomprendidos y lejanos el uno del otro. Por eso, busquen puntos de encuentro, compartir momentos juntos, recuerden sueños y proyectos, y vuelvan a escribir metas en un cuaderno; luego, juntos, oren a Dios por sabiduría y por un nuevo amor que limpie y restaure sus vidas y la de su hogar.

REFLEXIÓN

La escucha activa es clave en una relación sana. A veces, el mayor regalo que podemos darle a nuestra pareja es, simplemente, escucharla, sin interrumpir, sin juzgar, solo prestándole atención a lo que la otra persona necesita expresar.

ORACIÓN

Señor, te pido que nos ayudes a ser más escuchadores, y menos habladores. Que nuestros corazones estén dispuestos a escuchar el dolor, necesidades y sentimientos de nuestra pareja. Ayúdanos a restaurar la comunicación entre nosotros y que siempre podamos hablar con amor y respeto. En el nombre de Jesús, amén.

20

SUPERANDO LA DISTANCIA: CUANDO EL AMOR TRASCIENDE

"El que halla esposa halla el bien, y alcanza
la benevolencia de Jehová".
Proverbios 18:22

LAS RELACIONES A DISTANCIA PUEDEN SER UN DESAFÍO. SIN EMBARGO, CUANDO EL AMOR DE DIOS ES EL CENTRO DE LA VIDA DE AMBOS, ESTARÁN DISPUESTOS A TRANSFORMAR LOS DESAFÍOS EN UN SUEÑO CUMPLIDO. AUNQUE LA DISTANCIA FÍSICA ESTÉ PRESENTE, EL AMOR, LA COMUNICACIÓN Y EL COMPROMISO PUEDEN ACERCARNOS MÁS DE LO QUE IMAGINAMOS.

C uando Dios une dos corazones, la distancia no es obstáculo. Él acorta el tiempo de espera y usa esa temporada para que se conozcan profundamente (Eclesiastés 3:11). Sin embargo, necesitamos establecer ciertas pautas para que podamos mantener el amor a la distancia y este siga creciendo...

• *Utiliza* *el* *teléfono*
Este es uno de los instrumentos más importantes que podrá ayudarte a mantener la relación a diario. Hoy cuentas con diferentes planes o plataformas para que puedas comunicarte con tu amado.

• *Usa el mail*
Si no puedes hablar, escribe. La escritura también es una manera de estar cerca.

• *Mantén el romance vivo*
Como latinos, siempre estamos buscando esa cercanía que nos caracteriza; entonces, sé creativo. Envíale una foto con un hermoso mensaje, y dile cuánto lo/a amas.

• *Programa el momento en que se verán*
Saber que habrá un encuentro genera expectativas, al pensar en esa caricia que ambos sembrarán en la pareja con respeto. Volverse a ver cara a cara... Cuando estén juntos, aprovechen cada momento: compartan con amigos, salgan a comer con sus familias. Pero lo más importante es profundizar en sus conversaciones. Fundamentar nuestras relaciones a través de la comunicación sincera mantendrá a resguardo la pareja. Hablen de lo que les gusta y de lo que no les gusta; de lo que les agrada, de sus sueños a futuro y, especialmente, de lo que Dios les ha puesto en el corazón para compartirlo con el otro. Tener tiempo de intimidad en la comunicación, ser sinceros y directos aumentará la confianza, a pesar de no estar juntos todo el tiempo.

● *No tomarse a pecho las cosas mientras no estamos juntos*
Hay ciertas cosas que duelen mucho más a la distancia. Nos traen tristeza de no poder hablarlo frente al otro. Hay palabras que se dicen sin ninguna intención de ofender a nadie; sin embargo, terminan lastimando al otro. La persona se aleja, termina llorando y deja de contestar los llamados. Entonces, uno se pregunta: "¿Qué fue lo que dije? ¿Qué pasó?". Muchas veces son cosas sin importancia que, estando lejos, se revisten de una magnitud tan grande que no nos damos cuenta de esos pequeños comentarios que, simplemente, pueden lastimar al otro. Evita los comentarios con doble sentido… Recuerda: el otro puede llevarse una mala impresión acerca de lo que estás diciendo.
Por todo esto, si quieres tener una relación a distancia, pídele al Señor Gracia y favor, para que puedan compartir y hacer de esa relación un nido de amor que, finalmente, pueda terminar en matrimonio.

REFLEXIÓN

Es fundamental que ambas personas se esfuercen por mantener la conexión a través de las herramientas disponibles, como llamadas, cartas y visitas. Además, deben asegurarse de que su relación esté centrada en Cristo, buscando su voluntad y su dirección en todo momento.

El amor genuino no se ve afectado por la distancia, sino que crece con el tiempo. Si ambos son sinceros, si se mantienen enfocados en sus objetivos y en el propósito que Dios tiene para su relación, podrán superar cualquier obstáculo y construir una base sólida para el futuro.

ORACIÓN

Padre celestial, te pido que bendigas mi relación a distancia. Ayúdame a mantener una comunicación constante y sincera, y a no permitir que la distancia física nos separe emocional ni espiritualmente. Que podamos crecer juntos en tu amor y sabiduría, y que tu voluntad sea siempre el fundamento de nuestra relación. En el nombre de Jesús, amén.

21

ANTES DE VOLVER CON TU EX

"... pero una cosa hago: olvidando ciertamente
lo que queda atrás, y extendiéndome a lo que está delante".

Filipenses 3:13

¿TE CUESTA DEJAR IR? ¿TE CUESTA ACEPTAR LA
SEPARACIÓN Y TE SIENTES TENTADO DE VOLVER,
AUNQUE SABES QUE NO FUNCIONARÁ? LA MELANCOLÍA,
LA FRUSTRACIÓN, LA SENSACIÓN DE FRACASO, LA
SOLEDAD SOLO TE LLEVARÁN A IDEALIZAR LO QUE
EN UN TIEMPO TE LLEVÓ A DECIR: "¡BASTA!". RESPIRA
PROFUNDO, CRECE Y SIGUE AVANZANDO... TODAS LAS
COSAS AYUDAN A LOS QUE AMAMOS A DIOS.

Es normal sentir nostalgia o arrepentimiento cuando una relación termina pero, antes de tomar decisiones impulsivas, debemos reflexionar si lo que sentimos es un llamado de Dios a restaurar la relación o si, simplemente, estamos buscando llenar un vacío emocional. Veamos, entonces, algunas consideraciones a tener en cuenta antes de volver con un ex...

• *No vuelvas solo porque lo extrañas, porque te hace falta*
Recuerda que la nostalgia es tramposa. El sentimiento de apego solo muestra la necesidad que tiene todo ser humano de estar con alguien, pero no necesariamente esa persona tiene que ser un ex. En toda relación hay un propósito y, si tú solo quieres regresar porque sientes que has fracasado, te sientes frustrado, necesitas sanar esa herida de abandono o de soledad e ir más profundo en esa emoción que te lastima, pregúntale al Señor si, definitivamente, esa persona es la que te conviene y la que te acercará al destino que Él tiene para ti.

• *Si no has perdonado lo que han vivido, si no has cerrado un ciclo, no regreses*
Tiempos no sanados ni redimidos suelen convertirse en fantasmas que nos acompañan a donde vayamos e irrumpen cuando estos quieren. Necesitas cerrar ese capítulo de tu vida. Ponte delante del Señor y dile: "Señor, perdono lo vivido, esa infidelidad, las soledades que viví, el destrato... cuando no me acompañó...". Di todo lo que el Espíritu Santo traiga a tu mente y a tu corazón. No comiences un nuevo capítulo si el anterior no está resuelto.

• *Novuelvascontuexporquenorehicisteotrapareja* y *sientes que está pasando el tiempo, y te estás quedando solo/a, y no vas a encontrar a nadie más*
Las personas no son utensilios que dejamos y luego volvemos a usar. Un matrimonio, una pareja se constituyó con un propósito. Cuando este se perdió o se quebró, solo estás

volviendo a atarte a lo que te dolió y te lastimó y, por eso, lo dejaste. Muchas personas regresan con su ex porque se excusan al decir: "Mejor malo conocido que bueno por conocer". Y, como parece que lo bueno no llega, nos quedamos con el ex.

"Mejor son dos que uno" (Eclesiastés 4:9) no es solo un versículo bonito, sino una promesa: cuando caminamos en acuerdo, hay bendición multiplicada (*"Uno perseguirá a mil, y dos a diez mil"* (Deuteronomio 32:30)). Pero esto solo se cumple cuando elegimos la relación correcta, y no cuando repetimos historias por miedo a quedarnos solos. No vuelvas por temor a la soledad: esto no se resuelve volviendo a lo mismo. Quizás, te vuelves a sentir acompañado, pero esta sensación de vacío seguirá estando allí. La ansiedad, la frustración, los ataques de pánico seguirán allí.

No le entregues al enemigo tu vida. Tú eres el dueño de tu vida, y el Señor te dice: "Ama a tu prójimo como a ti mismo". No puedes amar a la otra persona más de lo que debes amarte a ti mismo. El Señor te suplirá todo de acuerdo a sus riquezas en gloria. La primera relación que debes cuidar es tu relación con Dios y la segunda relación es contigo mismo. Todo lo que construyas a partir de aquí serán relaciones sanas. Cualquier síntoma o señal que te demuestre que no estás siendo feliz necesitas dejarlo en el pasado. Hoy Dios te dice: "Las cosas viejas pasaron; Yo hago todo nuevo".

REFLEXIÓN

La nostalgia no refleja la realidad completa de la relación. A veces, lo que realmente necesitamos no es una persona, sino un propósito claro en nuestra vida que solo Dios puede darnos. Antes de volver, asegúrate de que lo que buscas es un propósito, y no solo llenar una carencia.

ORACIÓN

Señor, ayúdame a discernir tu voluntad en mis decisiones. Que no tome decisiones basadas en mis emociones temporales, sino en tu plan para mi vida. Ayúdame a sanar mis heridas y a ser guiado por tu sabiduría. En el nombre de Jesús, amén.

22

CÓMO ENFRENTAR LA FRIALDAD EMOCIONAL EN LA PAREJA

"¿Y andarán dos juntos, si no estuvieren de acuerdo?".

Amós 3:3

¿ESTÁS ESPERANDO QUE SEA ÉL/ELLA QUIEN TE HABLA PORQUE, SI NO, TÚ NO HABLAS? ¿PREFIERES SALIR CON UN/A AMIGO/A ANTES DE COMPARTIR UNA COMIDA CON TU PAREJA? ¿DEJARON DE DECIRSE: "¡QUÉ LINDO/A ESTÁS", O "¡CÓMO TE QUIERO!" HACE MUCHO TIEMPO? ¿YA NO TE IMPORTA SI LLEGA TARDE DEL TRABAJO O PREFIERES ESO PARA ESTAR UN POCO MÁS TRANQUILO/A? TODAS ESTAS SON SEÑALES DE ALERTA DE QUE ALGO ESTÁ PASANDO... ES TIEMPO DE DETENERNOS Y DE BUSCAR LA GUÍA DE DIOS.

Muchas veces nuestra pareja pasa por tiempos y períodos de frialdad. Pareciera ser que olvidamos todo aquello que una vez nos unió, lo lindo que compartíamos, las salidas, el tiempo juntos y, poco a poco, el desinterés por cómo el otro se siente, lo que le pasa, sus necesidades comienzan a borrarse...

Cuando conversar sobre lo que nos pasa o tener ciertas conversaciones nos resulta incómodo, cuando buscamos excusas tratando de esquivar al otro, cuando no respondemos a un "Te quiero", cuando un "Te amo" deja de pronunciarse, todo eso nos está demostrando algo.

Cuando ya no tienes interés por la otra persona, cuando ya no te interesa lo que piensa o lo que considera que es mejor para los dos y para la familia, esto es uno de los síntomas más claros del distanciamiento emocional en la pareja. Aceptar una situación así lleva tiempo y requiere un proceso de pensamiento tranquilo. A veces, cuando uno está dentro, la intensidad del vínculo y la dureza de las palabras pueden retrasar ese tiempo; por ende, no logramos pensar claramente ni con el apremio que la pareja necesita.

Cuando los rituales y las costumbres dejan de ser significativos, estos pequeños tiempos compartidos que antes eran importantes (un baño juntos, hablar por horas en la cama, volver del trabajo y compartir un café, enviarse un wasap, un emoticón), empieza a haber un hielo, una muralla que los separa.

Otra situación que puede presentarse en una relación es el desequilibrio en la inversión emocional. Uno de los dos entrega más, mientras que el otro da muy poco. Entonces, de forma sistemática, el que más da entrega aún más. En estos casos, es común que llegue un punto en el que solo uno de los miembros de la relación se esfuerza por mantener el vínculo a flote, mientras que el otro comienza a tomar distancia.

Esta es una posición muy cómoda. Definitivamente, si la relación va por ese camino, se producirá una resquebrajadura que llevará a la distancia emocional de la pareja, al desamor, o a la ruptura.

Ahora bien, ¿por qué llegamos a este estado? Probablemente, pudieron haberse dado distintas realidades. Profundicemos en las más comunes...

• *La persona ya no ama a la persona*
Ya siente que no hay un punto de encuentro, que no hay un lugar donde ambos puedan ser uno. Pero toda relación tiene propósito en Cristo Jesús, y puede ser restaurada. Solo aquellas que no están siendo edificadas ni puestas para que Dios las bendiga no podrán sanar. Sin embargo, existe un tipo de enfoque que resulta muy adecuado en estos casos: la terapia que podemos tener con un pastor, con un *coach*, con un mentor. Muchas veces necesitamos un intermediario que nos pueda ayudar a tener nuevos puntos de encuentro y a que recordemos lo que una vez fuimos.

• *La infidelidad también puede ser un punto que trae como consecuencia frialdad emocional*
Cuando esta situación se da, los afectos que tu cónyuge tenía por ti ya no son iguales. Todo este dolor hay que hablarlo y sanarlo para que podamos quitar toda raíz de amargura y enojo de nuestra vida y de lo que sentimos por el otro. Pídele al Señor que te revele qué hacer en este caso, y qué está operando en la pareja, para que Él pueda subsanar todas estas dolencias.

La frialdad emocional en una relación es una de las señales más dolorosas, ya que indica que hay una desconexión profunda entre ambos. Es necesario evaluar qué la causa y cómo abordarla con sabiduría. De lo contrario, tengamos en cuenta que no solo esto lastima a los integrantes de la pareja, sino también a los hijos, y perjudica la construcción de la familia. El interés por lo que nos pasa siempre debe estar presente en una familia que ama a Dios y que ama a quienes forman parte de esta.

REFLEXIÓN

Dios nos creó para vivir en armonía y en acuerdo con todas nuestras relaciones, especialmente en el matrimonio. Necesitamos el uno del otro. La frialdad emocional es el fruto de la desconexión, de no poder tener empatía con el otro. Por todo esto es fundamental buscar el origen de esta desconexión, orar por la restauración y trabajar juntos en la reconciliación.

ORACIÓN

Señor, reconozco que hay momentos en que mi corazón se ha enfriado respecto de mi pareja. Te pido perdón por eso. Ayúdame a redescubrir el amor y la pasión en nuestra relación, y que podamos caminar juntos en unidad. Revive nuestro amor y restaura nuestra comunicación. En el nombre de Jesús, amén.

23

RECONSTRUYE LA CONFIANZA EN TU PAREJA

"Y si alguno prevaleciere contra uno, dos le resistirán;
y cordón de tres dobleces no se rompe pronto".

Eclesiastés 4:12

¿PERDISTE LA CONFIANZA EN TU PAREJA? ¿SIENTES QUE YA NO ES LA MISMA PERSONA CON LA QUE PUEDES ABRIR TU CORAZÓN? ES TIEMPO DE HACER UN ALTO, DE HABLAR, DE RESTAURAR, Y DE VOLVER A ESTAR EN INTIMIDAD CON EL PADRE: "POR LA MAÑANA HAZME SABER DE TU GRAN AMOR, PORQUE EN TI HE PUESTO MI CONFIANZA. SEÑÁLAME EL CAMINO QUE DEBO SEGUIR, PORQUE A TI ELEVO MI ALMA" (SALMO 143:8).

En las relaciones, es mucho lo que está en juego. En las relaciones, son muchas las cosas que nos influyen, no solamente lo que hacemos, sino también el impacto de lo que nos hacen y de aquellos con quienes compartimos la vida. Toda relación saludable debe tener un norte. Pero ¿qué sucede cuando perdemos la confianza en esa persona que para nosotros era nuestro "todo"? Frente a un quiebre de confianza, no dejemos que el tiempo pase, sino que actuemos. ¿Cómo? Veamos...

• *Fijemos un momento para hablar*
Es importante crear un ambiente propicio para que ambos puedan expresar sus sentimientos sin interrupciones ni reproches, para que haya un diálogo. La comunicación abierta es el primer paso para reconstruir la confianza.

• *Evitemos echarnos culpas*
Tratemos de no criticar lo que el otro no hizo, o hizo mal. Escuchar sin juzgar al otro nos permite oír sin interferencias. Cuando escuchamos a nuestra pareja con el corazón herido —esa rabia que quema, ese dolor que parece imposible de perdonar—, el juicio brota casi sin querer: *"Pero tú me dijiste que ibas a tal lugar... y terminaste en otro"*, *"Me juraste que solo era tu amiga... y resultó ser tu amante"*. Trata de entender que el enemigo anda como león rugiente buscando a quién devorar, y quiere acabar con nuestro matrimonio y con nuestras relaciones. También es cierto que cada persona puede tener una perspectiva del incidente. Esto es algo clave: "Yo tengo mi propia manera de pensar, y él/ella tiene la suya". En una situación, a veces, la persona que aconseja recibe dos versiones totalmente diferentes, porque cada uno lo percibió de una manera distinta. Por eso es importante poder comprender cómo cada uno evalúa el hecho, cómo contribuyó a que ello pasara, la responsabilidad que hay... Solo buscando lo mejor para la pareja, se podrá encontrar

un punto en común, dejando la culpa, el juzgar a un lado para darle lugar al perdón (siempre y cuando el otro tenga un genuino arrepentimiento de no volver a repetir ese hecho que lastimó al otro) y recordando por qué un día se eligieron y decidieron formar una familia.

• *Pedir disculpas y aceptarlas*
Esto es clave para todo tipo de relaciones: familia, trabajo, amigos, etc. Cuando uno realmente pide perdón, tiene que olvidarse de la afrenta, y no reprochar una y otra vez lo mismo. Debe estar dispuesto a ver con ojos nuevos al otro, de frente al futuro, sabiendo que Dios está limpiando, allanando caminos, abriendo brechas para que sean felices.

• *Desarrollar un plan para evitar que se produzcan más rupturas de confianza*
Necesitamos obligarnos a creer y no volver a propiciar estas mismas situaciones y circunstancias que nos llevaron a este dolor tan grande para, así, recuperar esa confianza que una vez nos unió y nos hizo inseparables. A veces, podemos recuperarla con pequeñas acciones, pero sustanciales. Frente a una infidelidad, probablemente, tengamos que dar datos para que el otro se sienta seguro: "A tal hora salí de...", "A tal hora voy a ir a...". ¿Por qué?, porque estas acciones también te ayudarán a ti. Hay personas que necesitan salir de ciclos viciosos del pasado y de maldiciones hereditarias por generaciones y, simplemente, un cambio de hábito y una persona que te ame realmente y te contenga, que ore por ti, que esté pendiente de lo que está sucediendo podrá ayudarte a

acabar con esta pequeña zorra que puede comerse toda la cosecha, como dice el libro de Cantares.

Recuerda: la confianza es el pilar fundamental de cualquier relación. Cuando esta se rompe, el proceso de restaurarla puede ser largo pero, con el esfuerzo mutuo y con la ayuda de Dios, todo es posible. Dios te ama a ti y a la familia que un día decidieron construir.

REFLEXIÓN

Reconstruir la confianza comienza con la sinceridad y con la disposición para escuchar. La verdad debe ser dicha con amor y respeto, buscando siempre el bienestar de ambos. La paciencia y la empatía son claves para sanar.

ORACIÓN

Señor, te pido que nos des la sabiduría y paciencia necesarias para sanar las heridas que hemos causado. Ayúdanos a hablar con amor y a perdonarnos mutuamente. Que podamos reconstruir la confianza y que nuestra relación sea un reflejo de tu fidelidad. En el nombre de Jesús, amén.

24

CÓMO IDENTIFICAR LA MANIPULACIÓN EMOCIONAL EN UNA RELACIÓN

"No os dejéis llevar de doctrinas diversas y extrañas; porque buena cosa es afirmar el corazón con la gracia...".

Hebreos 13:9

SOMOS LO QUE DIOS DICE QUE SOMOS... NO ACEPTES OTRAS VERDADES. LO QUE NO ESTÁ EN LA PALABRA ES, SIMPLEMENTE, MENTIRAS, MANIPULACIÓN Y DESTRUCCIÓN. TU VIDA VALIÓ EL SACRIFICIO DE LA CRUZ, ¡NO LO OLVIDES! DIOS TE AMA SIN CONDICIONES.

Muchas veces, cuando comenzamos una relación, no percibimos, a simple vista, si estamos siendo manipulados, si determinadas palabras o acciones del otro intentan hacernos dudar de nuestro propio criterio, de nuestra manera de pensar o de sentir; si nos hace cuestionar lo que para nosotros era una convicción y jamás pensamos repensar...

Si te dijeron alguna vez: "No sé de dónde sacaste eso", "Eso es producto de tu imaginación", "Estás paranoico/a", todo esto son señales claras de manipulación emocional. Este tipo de expresiones intentan hacerte dudar de tu percepción, de tus emociones, y hasta de tu memoria. Te llevan a cuestionarte a ti mismo/a, al punto de que comienzas a pensar que tal vez estás equivocado/a, que exageraste o que, simplemente, imaginaste todo. Cuando alguien constantemente te hace creer que lo que dijiste, viviste o sentiste nunca ocurrió, estás frente a una "descarada" manipulación. Pon cuidado frente a este tipo de situaciones...

Otra señal clara se da cuando esa persona te castiga emocionalmente para que te "arrepientas" de lo que piensas o de lo que sientes. Por ejemplo, decide ignorarte, te quita la palabra y dice frases como *"No voy a hablar contigo, porque contigo no se puede tener un diálogo". Te deja de hablar y te castiga con su silencio. ¡Cuidado!*

Otras veces te ridiculizará en público, humillándote con maltratos e insultos, malas palabras... No te saludan con respeto; te castigan cuando te llenan de culpa y miedo, con el fin de hacerte sentir inseguro/a. Su objetivo es que pienses que nadie te amará como él/ella; nunca más encontrarás otra persona que te ame; sin embargo, mientras te dicen esto, ya dejaron de decirte palabras de amor, de darte una caricia... Al contrario, la descalificación es su acción diaria, tratando de debilitarte día a día, haciéndote sentir que no eres nada ni nadie: sin el otro, no existes... "Eres gordo/a, feo/a, inútil, inservible", "¿Quién podrá querer a alguien así?", "Tienes que agradecerme que esté contigo" son frases de manipulación que solo intentan mostrarte ese dominio y poder que tiene el otro sobre ti.

Frente a todo esto, haz un alto y recuerda: la única persona que debe tener señorío en tu vida y ser el actor principal es Dios. Cuando le das ese lugar de preeminencia a la persona que amas, estás construyendo tu vida sobre una base inestable que, tarde o temprano, se romperá y te romperá. Un cónyuge no puede ser más que Dios; un hijo no puede ser más que Dios; nadie puede ocupar su lugar ni decirte quién eres. Cuando dejas que el otro ocupe el lugar que le toca a Dios, todo se desvirtúa, y los roles se desdibujan. Así, solo terminarás alejándote de tu único Cuidador: Tu Creador: Dios.

Si alguien está intentando manipularte, necesitas comenzar a discernir en el espíritu qué acciones está tomando esa persona para impedir que tú seas tú mismo/a. Muchas veces, quien manipula también castiga emocionalmente, a fin de que te arrepientas de las verdades que le has dicho, y no necesariamente porque tú estás equivocado/a. Hay personas que te hacen sentir mal no porque has hecho algo incorrecto, sino porque, simplemente, te están manipulando, lo cual no siempre es evidente al principio.

Debes estar atento a ese hilo delgado cuando alguien te hace sentir culpable e inseguro/a. Cuando comienzas a preguntarte: *"¿Será que yo sí soy capaz?"*, *"¿Será que puedo salir de esta relación y tener paz?"*, esto es señal de que algo no está bien. Estas señales de alerta tienen que llevarte al altar y orar, clamando al Señor por su guía. Y, si no puedes solo/a, pide ayuda a algún pastor, líder, amigo/a que esté en el Señor y pueda traerte luz y apoyo para salir de una situación que solo terminará en dolor.

REFLEXIÓN

La manipulación emocional es una herramienta poderosa que muchas veces pasa desapercibida. La persona manipuladora distorsiona la realidad; te hace dudar de tus sentimientos y de tus pensamientos, o te llena de culpa y de miedo para tener el control sobre ti. Este tipo de relación no es sana. No permitamos que otra persona se convierta en el centro de nuestra vida, y le quite espacio al único que merece esa posición: Dios. Mantengámonos firmes en nuestra identidad, sabiendo que somos hijos de Dios y que nuestro valor no depende de la opinión o control de los demás.

ORACIÓN

Señor, te pido sabiduría para poder identificar cualquier señal de manipulación emocional en mis relaciones. Ayúdame a discernir y a fortalecer mi corazón en tu Gracia. Dame la valentía para poner límites sanos y recordar que mi valor está en ti. En el nombre de Jesús, amén.

25

LO QUE NO DEBES ESPERAR
DE TU PAREJA

"Todas vuestras cosas sean hechas con amor".

1 Corintios 16:14

PONER EN PALABRAS Y DEJAR DE SUPONER Y DE
ALIMENTARNOS DE PENSAMIENTOS QUE SOLO NOS
LASTIMAN, PREGUNTAR EN LUGAR DE EMITIR JUICIOS
SIN SABER NOS AYUDARÁ A ALIMENTAR NUESTRA
RELACIÓN CONYUGAL CON PENSAMIENTOS DE BIEN
Y DE AMOR. CUANDO NO NOS QUEDE CLARO ALGÚN
TEMA, CUANDO NO ESTAMOS OBTENIENDO LO QUE
ESPERAMOS DENTRO DEL ÁMBITO DEL MATRIMONIO,
¡HABLEMOS! SIEMPRE ES BUENO PREGUNTAR:
"¿REALMENTE, ME ESTÁS DICIENDO ESTO?".

M uchas personas no saben (o no quieren) pedir lo que necesitan, y optan por quejarse o por reprochar. Piensan que el otro tiene que adivinar lo que nos pasa o lo que queremos, en lugar de decir: "Estoy necesitando esto de ti...", "Me encantaría que me prestaras atención". Poner en palabras nuestras emociones nos hace dejar de fabular con ideas que van socavando nuestra estima y nos hacen creer ideas que están muy lejos de ser verdad. Por eso, cada vez que tengamos dudas, que necesitemos algo, que queramos algo, reemplacemos el callar y el suponer por las palabras correctas en el tono adecuado. Al hacerlo con amor, podremos saber lo que el otro está pensando y sintiendo para, así, llegar ambos a un acuerdo. Por todo esto...

• *No esperes que tu pareja adivine o lea tu mente. No des nada por sentado*

Es mucho mejor que tú puedas decirle: "Necesito decirte algo que llevo dentro. No sé si lo notas, pero a veces me quedo pensando en eso que pasó, en eso que dijiste o hiciste, y me cuesta entenderlo"; "Tal vez suene tonto, pero aquel día cuando [menciona la situación], yo lo sentí como [explica tu emoción: "Me dolió", "Me confundió", etc.]"; "No sé si fue tu intención, ni quiero asumir nada. Por eso prefiero preguntarte directamente qué pasaba por tu cabeza en ese momento"; "No te lo digo para culparte, sino porque me importas". En síntesis, expresa lo que estás sintiendo. A veces, una simple palabra puede mostrarte lo que el otro quiere decir. Si tienes dudas, háblalas. No te guardes ni palabras ni dolor. La relación no se va a terminar por hablar.

• *No esperes que hagas las cosas como tú quieres*

Dile lo que quieres o cómo te gustan las cosas. Nadie es perfecto. Nosotros tampoco lo somos. Muchas veces cargamos nuestras relaciones con expectativas demasiado altas, esperando que todo sea perfecto, armonioso y sin errores. Deseamos que nuestro cónyuge actúe siempre como a nosotros nos parece correcto. Cuando esto no sucede, fácilmente caemos en el error de criticar o de frustrarnos. Probablemente, el otro lo hace como sabe hacerlo o como lo hacía en su ambiente familiar de donde viene y, para él/ella, está bien. Si hay algo que no está bien, simplemente, programa una salida, una cena, y hablen el problema. Ambos deben poner de sí para que la relación funcione.

• *Hablemos para acordar*

Lleguemos a acuerdos. Uno de los grandes problemas de las parejas es querer cambiar al otro. Por eso, acéptalo. Recuerdo una enseñanza muy práctica que me dio mi mamá hace muchos años. Me dijo: *"Si usted se va a casar con alguien, primero mire su nevera"*. Le respondí sorprendida: "¿Cómo así, mami?". Y ella me explicó: "Sí, vaya a la casa donde él vive, y abra la nevera. Si usted solo ve una luz, un limón y una cajita de bicarbonato de sodio, esto es lo que va a haber siempre. Pero, si ve frutas, vegetales, pescado, pollo... esto es lo que le va a dar". Confieso que lo probé con mi último novio antes de casarme con mi amado esposo. Fui a ver la nevera y, para mi sorpresa, ¡solo había una garra de agua, un limón y, sí, también la famosa cajita de bicarbonato! Me reí, me acordé del consejo de mi mamá y dije: "¡Oh, mi Dios!".

A veces, el simple hecho de mirar un poco más allá puede ayudarte a tomar una decisión: no esperar a la persona perfecta. Si no lo aceptas como es y no te gusta, ¡no pierdas más el tiempo!, ¡vete de la relación de una buena manera!

La pareja no viene a llenar nuestros vacíos emocionales ni a ser personas creadas a nuestro gusto. No pongas sobre el otro cargas que no le corresponden. Esa persona no tiene la responsabilidad de, quizás, cargar con las faltas de nuestra infancia y de nuestra adolescencia, o de nuestros desaciertos en la adultez. Por eso, sé responsable de lo que a ti te toca: sana tus problemas emocionales enfrentándote a ti mismo/a, para formar más de Cristo dentro de ti.

REFLEXIÓN

Es común que esperemos de nuestras parejas lo que no deberían darnos: que resuelvan nuestros vacíos emocionales, que nos lean la mente, o que cambien para ser lo que deseamos. Sin embargo, la verdadera unión de pareja es una complementariedad, donde ambos tienen que crecer juntos, pero sin perder su identidad ni cargar al otro con responsabilidades que no le corresponden. El matrimonio y las relaciones deben ser un espacio donde ambos pueden apoyarse, pero también reconocer que nuestra plenitud solo se encuentra en Dios.

ORACIÓN

Padre Celestial, te doy gracias por el regalo del matrimonio y de las relaciones. Ayúdame a entender mis propias responsabilidades emocionales y a no poner expectativas irreales en mi pareja. Que mi relación refleje tu amor, apoyo y crecimiento mutuo. En el nombre de Jesús, amén.

26

NINGUNA RELACIÓN
TERMINA DE REPENTE

"Por tanto, lo que Dios juntó, no lo separe el hombre".

Marcos 10:9

¿ESTÁS VIVIENDO UN TIEMPO DE SILENCIO
PROLONGADO CON TU PAREJA?
¿EVITAS HABLAR PARA NO DISCUTIR, PARA QUE EL
OTRO NO SE ENOJE?
¿SIENTES QUE HAY BRONCA EN TU CORAZÓN Y
PREFIERES ESTAR SOLO EN LUGAR DE COMPARTIR
TIEMPO CON QUIEN ANTES AMABAS? SI TE ESTÁ
PASANDO ESTO, ES TIEMPO DE HACER UN ALTO, Y
VOLVER A EMPEZAR...

Ninguna relación termina de repente. Solemos escuchar: "Se fue de golpe", "Me dijo: 'No va más', 'No te quiero más'". El momento en que uno de los dos dijo: "Basta", no es el verdadero momento en que la relación se terminó, sino mucho antes... Es por eso que necesitamos ver esas señales que nos muestra que una relación está a punto de terminar o que ha llegado a su fin...

• **Reiteradas discusiones sin llegar a ningún acuerdo**
Cuando, simplemente, hablamos y hablamos, y son dema-
siadas las situaciones con atropellos, molestias y disyun-
tivas; cuando los desacuerdos son constantes; cuando no
podemos congeniar en cómo resolver un problema y no hay
acuerdos, las personas van cansándose y no permiten que
la relación fluya de ninguna manera. Por eso es importante
llegar a puntos de acuerdo en los que lo importante no es
quién gana ni quién tiene la razón, sino donde el Señor pueda ayudarlos a acordar. En el acuerdo hay bendición y todo
lo que necesitan para mejorar la relación.

• **Postergar para lo último los momentos de conexión íntima**
Cuando la intimidad con el otro está al final de nuestras prio-
ridades o cuando ya ni lo tomamos en cuenta es una señal
de alarma que algo serio está fallando en nuestra comunicación y en nuestra vida de pareja. Tener una conexión íntima
(no solo algo sexual), sino un encuentro de amor, de entrega,
de compañerismo, de diálogo, donde podemos decir lo que
nos molestó o nos dolió es indispensable para no perder
nuestra conexión con el otro. Cuando el otro ya no participa
de nuestros intereses, de nuestras decisiones, ni siquiera de
nuestras emociones más íntimas, la relación está en peligro.

• **Dejar de celebrar y recompensar todo lo que nos hace bien**
A veces, ese pequeño ascenso, ese aumento de sueldo, ese
nuevo negocio, o esa alegría que nos han dado nuestros hijos, simplemente, se deja pasar. Nadie lo celebra, nadie lo
reconoce. Se carga con la expectativa de que el otro diga

algo... pero el otro guarda silencio. No hay una palabra de aliento, no hay recompensa, no se sale a comer, no se disfruta un momento de intimidad. Y así comienza a formarse un vacío. La comunicación se vuelve superficial, distante. La relación empieza a perder afecto, cercanía y propósito. Y lo más doloroso es que, en medio de todo esto, Dios ya no está en el centro. No se ha puesto al Señor como centro para cuidar esa maravillosa relación que un día comenzó como una amistad hermosa y ahora está terminando. Sin embargo, se podría evitar si dejamos de lado las discusiones difíciles o incómodas. Cuanto más profundo hundas una pelota en la piscina, con más fuerza saldrá a la superficie. Y, mientras más tiempo la mantengas abajo, más estridente será la salida de esta. Así sucede también con los temas difíciles que evitamos en la relación de pareja: los problemas con la suegra, los hijos de la pareja, la falta de ingresos, etc. ¡Pero callar y esconderlos debajo de la alfombra no ayuda!

• *Olvidar el propósito que nos unió*
La ausencia de proyectos a futuro u olvidarnos de aquellos que una vez nos unió nos hace caer en una vida rutinaria que lleva al desánimo, la monotonía y el desgaste. Ambos terminan frustrándose en el dolor de no haber sido capaces de alcanzar esas metas que una vez soñaron. Pero muchas veces no se logran porque no se trabajó en estas; ambos se olvidaron y priorizaron otros temas que opacaron los sueños que una vez los unió.
Por todo esto, es importante que, si están atravesando algunos de estos síntomas, puedan hablarlos, visibilizarlos, para

luego ocuparse de estos y sanarlos, buscando la guía y dirección de Dios para, así, seguir construyendo con más fuerza una familia donde todos puedan crecer y desarrollarse en plenitud y con gozo.

REFLEXIÓN

Las relaciones no terminan de un día para otro: siempre hay señales y advertencias que nos muestran que algo no va bien. Discusiones constantes, falta de intimidad, evitar temas difíciles y la pérdida de un propósito común son indicios de que algo ha cambiado. Si estas señales no se abordan a tiempo, la relación puede volverse una carga emocional, y alejarnos del propósito para el cual Dios nos unió. Debemos ser proactivos en sanar y restaurar lo que se ha perdido, buscando siempre el consejo de Dios para poder seguir construyendo esa familia que una vez soñamos.

ORACIÓN

Señor, reconozco que las relaciones requieren esfuerzo, humildad y perdón. Te pido que me des sabiduría para reconocer las señales de advertencia y trabajar en estas antes de que sea tarde. Ayúdame a serte fiel a ti en todo momento, y restáurame en cada área de mi vida. En el nombre de Jesús, amén.

27

LA HIPERPATERNIDAD: EL DESAFÍO DE LOS PADRES CONTROLADORES

"Padres, no exasperéis a vuestros hijos,
para que no se desalienten".

Colosenses 3:21

ESTE PASAJE NOS INVITA A PENSAR ACERCA DE QUE UNA AUTORIDAD EXCESIVA Y UN CONTROL DESMEDIDO SOBRE NUESTROS HIJOS LOS LLEVA A SENTIRSE FRUSTRADOS, RESENTIDOS E INCAPACES DE TOMAR DECISIONES POR SÍ MISMOS. EL EXCESO DE PROTECCIÓN Y DE CONTROL SOLO CREA HIJOS INCAPACES DE MANEJAR LA VIDA POR ELLOS MISMOS.

La hiperpaternidad es un fenómeno que ha ido creciendo en los últimos años, especialmente en una sociedad que valora el éxito, perfección y sobreprotección de los hijos. En pocas palabras, la hiperpaternidad se refiere a un estilo de crianza donde los padres controlan de manera excesiva todos los aspectos de la vida de sus hijos, con la intención de protegerlos, guiarlos y asegurarse de que tengan éxito. Sin embargo, detrás de este impulso de cuidado y control, se pueden ocultar efectos negativos, tanto para los padres como para los hijos. Veamos de qué se trata este tema...

El deseo de proteger y cuidar a los hijos es natural en cualquier padre, y es, de hecho, una de las responsabilidades fundamentales que Dios les ha dado. Sin embargo, cuando ese deseo de protección se convierte en control excesivo, puede generar un desequilibrio en la crianza. La hiperpaternidad nace de la inseguridad de los padres, del miedo a los peligros del mundo exterior y del deseo de evitar que sus hijos sufran o cometan errores.

¿Qué características tiene este tipo de padre? Profundicemos en estas...

• *Control excesivo*
Los padres hiperpaternos quieren tener el control de cada aspecto de la vida de sus hijos, desde sus decisiones académicas hasta sus interacciones sociales. Cada acción y movimiento de los hijos está planeado y supervisado.

• *Desconfianza en la autonomía del niño*
Estos padres no confían en la capacidad de sus hijos para tomar decisiones. Esto puede llevar a los niños a volverse dependientes y a no desarrollar su propio juicio.

• Sobreprotección
Los padres hiperpaternos intentan proteger a sus hijos de cualquier dolor, fracaso o experiencia difícil. El miedo a que sus hijos sufran los lleva a intervenir, incluso cuando no es necesario.

• Baja tolerancia al fracaso
Se busca evitar que los hijos fallen o que experimenten fracasos, lo que les impide aprender de sus errores.

Y, como nada deja de tener su consecuencia, analicemos lo que acarrea ser producto de una hiperpaternidad... Aunque los padres hiperpaternos piensan que están actuando así en pos del bienestar de sus hijos, esta sobreprotección y control excesivo pueden tener varias consecuencias negativas a largo plazo:

• Falta de autonomía y de confianza propia
Los hijos de padres hiperpaternos tienden a carecer de la capacidad para tomar decisiones de manera autónoma. Debido a que siempre están siendo dirigidos y guiados, no desarrollan una confianza sólida en su propia capacidad para resolver problemas o para manejar la vida por sí mismos.
Enseñémosles a nuestros niños a tomar decisiones en su vida, confiando en que Dios los guiará a medida que crecen. La instrucción no significa control constante, sino acompañamiento y enseñanza para que el niño pueda tomar decisiones sabias por sí mismo.

• Dependencia emocional

Cuando los padres ejercen un control excesivo, los hijos pueden volverse emocionalmente dependientes. Al no permitirles enfrentar desafíos o frustraciones por sí mismos, los padres hiperpaternos alimentan sus inseguridades. Esto puede llevar a que los hijos no sean capaces de afrontar dificultades en su vida adulta.

• Problemas de salud mental

La presión por cumplir con expectativas demasiado altas puede generar estrés, ansiedad y depresión en los hijos. Los padres que exigen un alto rendimiento sin dar espacio para el descanso o la imperfección pueden generar una carga emocional muy pesada en sus hijos: *"El corazón alegre es buena medicina; mas el espíritu triste seca los huesos"* (Proverbios 17:22). Los padres deben procurar que el hogar sea un lugar donde sus hijos puedan sentirse amados y aceptados, no solo cuando cumplen con expectativas, sino por lo que son. Un hogar que da espacio para la vulnerabilidad, el descanso y la imperfección es un refugio de sanidad para el alma.

• Relación tensa y desconfianza

La sobreprotección puede generar una relación tensa entre padres e hijos. Los hijos pueden sentirse ahogados o no comprendidos, lo que puede llevar a que pierdan la confianza en sus padres. La falta de espacio para la autonomía puede hacer que los hijos rechacen las normas y reglas impuestas por los padres. El enfoque de crianza debe ser equilibrado: guiando a los hijos con amor y con sabiduría, pero también dándoles el espacio necesario para crecer y aprender de sus propios errores. Sigamos el consejo de la Palabra al criarlos: *"Y vosotros, padres, no irritéis a vuestros hijos, para que no se desalienten"* (Colosenses 3:21).

Dios ha llamado a los padres a ser sabios en su crianza. Seamos conscientes de las necesidades emocionales, espirituales y físicas de nuestros hijos, y comprendamos que no debemos controlarlos en todo momento. Un padre sabio sabe cuándo intervenir y cuándo permitir que sus hijos enfrenten las consecuencias naturales de sus decisiones. Nuestro desafío es guiarlos a aprender a ser responsables de sus propios actos. Esto implica permitirles experimentar las consecuencias de sus elecciones, tanto las buenas como las malas, para que aprendan y crezcan. *"Todo lo que el hombre siembra, eso también cosechará"* (Gálatas 6:7).

Los hijos deben aprender que sus decisiones tienen consecuencias, y que, en la vida, tanto el éxito como el fracaso son oportunidades para crecer y aprender. Dios permite que todos nosotros, como seres humanos, cometamos errores para enseñarnos y para perfeccionarnos. Como padres, debemos hacer lo mismo: permitir que nuestros hijos fracasen, para que ocasionalmente, desarrollen resiliencia, aprendan de sus errores y cultiven la fortaleza para levantarse siempre.

El fracaso no es un enemigo, sino una herramienta que Dios utiliza para madurar nuestra fe y nuestro carácter. Del mismo modo, nuestros hijos podrán aprender importantes lecciones de vida.

• ——————— **REFLEXIÓN** ——————— •

El control excesivo no es la respuesta para criar hijos que sigan a Dios. En lugar de controlar, los padres deben guiar con amor, comprensión y paciencia, permitiendo que sus hijos experimenten su relación con Dios por sí mismos, mientras les ofrecen los principios de la vida cristiana. *"Y vosotros, padres, no provoquéis a ira a vuestros hijos, sino criadlos en la disciplina y amonestación del Señor"* (Efesios 6:4). Este versículo nos recuerda que el propósito de la crianza no es la opresión, sino la instrucción. Los padres deben guiar a sus hijos en los caminos del Señor, proporcionándoles la disciplina y consejo que necesitan para crecer en sabiduría.

• —————————————————————— •

ORACIÓN

Padre celestial, te doy gracias por el regalo de ser padre/madre y por la responsabilidad que me has dado. Te pido sabiduría para criar a mis hijos con equilibrio, sin caer en el exceso de control, pero también sin ser negligente. Ayúdame a ser un buen ejemplo para ellos, enseñándoles a ser responsables y a confiar en ti. Que mi amor por ellos sea reflejo de tu amor incondicional, que les permita crecer en sabiduría y autonomía, siempre guiados por tu Espíritu. En el nombre de Jesús, amén.

28

TRANSFORMA TU RELACIÓN DE PAREJA CON LA PALABRA DE DIOS

"Sea vuestra palabra siempre con gracia, sazonada con sal, para que sepáis cómo debéis responder a cada uno".

Colosenses 4:6

LA PALABRA NOS INSTRUYE A COMUNICARNOS CON HUMILDAD Y CARIÑO. NO SE TRATA DE IMPONER NUESTRAS IDEAS, DE HACER LO QUE QUEREMOS, O DE "SALIRNOS CON LA NUESTRA", SINO DE EXPRESARNOS CON UN CORAZÓN LLENO DE CRISTO, DE SU PERDÓN, DE SU GRACIA.

Muchas veces, en medio de una discusión, salen de nuestra boca "sapos y culebras", palabras que luego lamentamos profundamente. Tomamos decisiones impulsivas bajo el enojo, y más tarde, nos damos cuenta de que no eran decisiones deseadas, sino reacciones que nacieron desde la frustración. Pero, una vez que ya fueron soltadas, el daño ya está hecho, y a veces es tan grande que el cónyuge se distancia emocionalmente. Por eso, antes de hablar, es mejor detenernos, respirar y orar, así como nos enseña el libro de Proverbios: *"La muerte y la vida están en poder de la lengua, y los que la aman comerán de sus frutos"* (Proverbios 18:21).

Cuando la ira toma el control de nuestra vida, comenzamos a dejar de vernos como una unidad, como un "nosotros", y aquí aparece solo un "tú". En vez de decir: "Tu casa, tus hijos, tus cosas", no te olvides de que antes era "nuestra casa, nuestros hijos, nuestras metas". Ahora, con el enojo en puerta, aparecen las palabras con denotación absoluta: "nunca" y "siempre" en medio de una discusión: "Nunca haces nada bien" o "Siempre eres igual". En fin... exageraciones que solo envenenan la relación.

Pero allí no termina todo. Si el enojo crece, no falta mucho para que involucremos en la discusión a los miembros de la familia: "Tu papá", "Tu mamá" o "Con tu otro/a esposo/a hacías esto, y ahora conmigo no". ¡Grave error! No metas a sus padres en tu relación de pareja. Tu esposo/a no es su papá, ni su mamá. No midas tu relación con la vara de otros matrimonios, con lo que vivió en su hogar paterno/materno, porque cada historia es única, y Dios tiene un diseño especial para la tuya. Dice el libro de Génesis 2:24: *"Por tanto, dejará el hombre a su padre y a su madre, y se unirá a su mujer, y serán una sola carne"*.

Tampoco uses el divorcio como una amenaza. No es una carta para manipular, ni una herramienta de control. Las frases como "Si tú no haces esto, me voy" o "Si sigues así, nos separamos" dañan la confianza. El amor no amenaza: construye. Habla desde el "nosotros", y no desde el "yo contra ti". Pero no solo importan las palabras que usamos, sino el tono en que nos dirigimos al otro. La actitud importa. El momento importa. No se trata de ganar discusiones, sino de ganar corazones y comprensión. En lugar de rivalizarnos, recordemos que estamos del mismo lado. Recuerda: el objetivo no es tener la razón, sino tener paz.

En lugar de la crítica, elige el elogio. En vez de señalar errores, resalta virtudes. No permitas que personas externas destruyan lo que tú estás construyendo. El chisme genera malentendidos, separaciones y heridas. Cuida lo que entra por tus oídos y lo que sale de tu boca. Los americanos dicen: "Chill out", y creo que no están tan lejos del consejo bíblico de *"ser prontos para oír, tardos para hablar y tardos para airarse"* (Santiago 1:19). Tomarse un tiempo para calmarse, bajar las aguas y dejar que el Espíritu Santo renueve nuestra mente es un acto de amor. Tu relación de pareja es una siembra continua. Lo que siembras con tus palabras lo cosecharás en tu intimidad, en tu hogar y en tu legado. Profetiza sobre tu relación. Declara vida, bendición y unidad. No es tarde para transformar la atmósfera de tu relación con el poder de la Palabra de Dios. Cuando dejamos que las Escrituras sean nuestro hablar, cuando son estas las que inundan nuestra boca, nuestra manera de expresarnos y nuestras conversaciones serán puentes de unidad, de reconciliación, en lugar de muros de separación en ese hogar que tanto anhelamos un día construir. Hoy es un buen día para comenzar de nuevo.

REFLEXIÓN

Las palabras tienen un poder increíble en nuestras relaciones. En el matrimonio, estas pueden construir o destruir. Si aprendemos a hablar con amor, respeto y dulzura, transformaremos nuestra relación en algo más saludable y duradero. La palabra de Dios nos enseña a hablar con Gracia, no con palabras hirientes ni amenazas. Recordemos que no solo nuestras acciones, sino también nuestras palabras deben glorificar a Dios y edificar al otro. Tomarnos el tiempo para hablar con amabilidad, corregir con suavidad y expresar nuestra gratitud por el otro puede hacer una gran diferencia.

ORACIÓN

Señor, ayúdame a cuidar mis palabras, para que, en lugar de herir, edifique y fortalezca mi matrimonio. Que mis palabras siempre reflejen tu amor y tu paz. Enséñame a hablar con Gracia y a ser paciente y comprensivo con mi pareja. Que en todo momento, mi boca sea un canal de bendición y no de destrucción. En el nombre de Jesús, amén.

CONTACTO CON
LA AUTORA

Si quieres escribirme y contarme tu
testimonio o comunicarte conmigo, puedes
hacerlo a través de estos medios:

www.tinafloyd.com
IG: drtinafloyd
IG Iglesia: dcnchurchmiami
Facebook: Tina Floyd Fernandez
E-mail: hablacon@tinafloyd.com

Tina Floyd,
Ph.D., M.Th., M.Sc., B.A. Psy., M.A. in Human
Sexuality, A.A. in Child Development
Doctor in Counseling | Master of Theology
| Master in Neuroscience
Bachelor in Psychology | Master in Human
Sexuality | Associate in Child Development

www.ingramcontent.com/pod-product-compliance
Lightning Source LLC
Chambersburg PA
CBHW071348090426
42738CB00012B/3051